El poder del entusiasmo

ANDRÉS PASCUAL

EL PODER DEL ENTUSIASMO

Aprende a generar la energía del éxito

ESPASA

Espasa, en su deseo de mejorar sus publicaciones, agradecerá cualquier sugerencia que los lectores hagan al departamento editorial por correo electrónico: sugerencias@espasa.es

Espasa, sello editorial de Editorial Planeta, S. A.
Avda. Diagonal, 662-664, 08034 Barcelona (España)
www.planetadelibros.com
www.espasa.com

Diseño de la cubierta: Planeta Arte & Diseño

Primera edición: noviembre de 2025

ISBN: 978-84-670-7942-5
Depósito Legal: B. 18.347-2025
Preimpresión: Safekat, S. L.
Impresión: Unigraf, S. L.
Printed in Spain - Impreso en España

PEFC Certificado
Este libro procede de bosques gestionados de forma sostenible
PEFC
PEFC/14-38-00305
www.pefc.es

A mis sobrinos Carlota y Leo.
Con vuestro entusiasmo, ¡hasta el infinito y más allá!

Índice

PONTE LAS PILAS AAA

DECÁLOGO DEL ENTUSIASMO

No es fácil, pero sí muy simple

En el mundo hay dos tipos de personas: las que quieres que te toquen en tu mesa en una boda y las que no. Cuando estás a gusto con alguien, no suele deberse a que sea más o menos guapo, rico o inteligente. Queremos cerca a personas que te hablan con pasión, emoción, convicción, también con curiosidad e interés por ti, ya que buscan aprender cosas nuevas. En definitiva, personas que desprenden entusiasmo por lo que hacen... y por lo que son.

El entusiasmo proviene de tu ser más profundo, eres tú quien conviertes tu vida en ilusionante.

Hay una historia de un humilde trabajador de la NASA que siempre tengo presente. En plena carrera espacial entre Estados Unidos y la Unión Soviética, Kennedy prometió llegar a la Luna y, lo que era aún más difícil, traer de vuelta sanos y salvos a los astronautas. Este compromiso no solo era científico: era político, económico, incluso filosófico, así que el presidente hizo varias visitas a las instalaciones espaciales. En una de ellas, siguiendo su tónica de romper el protocolo, saludó a un empleado de la limpieza vestido con mono gris. Cuando le preguntó a qué se dedicaba, aquel le mostró su escoba con orgullo y exclamó:

—¡Estoy ayudando a poner un hombre en la Luna!

Apuesto a que Kennedy, gracias al entusiasmo de aquel hombre, volvió a su casa más encendido que los motores del Apolo 11 y más convencido que nunca de la viabilidad de su proyecto. No hay nada más contagioso que ese fuego interior.

El entusiasmo no es un optimismo forzado ni ingenuo. Es una actitud ante la vida que te convierte en una persona más feliz y productiva. Cuando vives con entusiasmo, generas una energía que eleva la calidad de la experiencia, disfrutas más del ahora y multiplicas tus resultados. Te sientes libre, despierto, ves tus opciones con claridad, perseveras, te guían tus valores y siempre vas un paso más allá que el resto.

Cuando vives con entusiasmo, haces más, pero, sobre todo, lo haces mejor.

En este libro voy a compartir lo que necesitas saber para prender y mantener el tuyo: estudios científicos para entender cómo somos y por qué actuamos de una forma u otra, rutinas cotidianas, inspiraciones de culturas lejanas. Pero, además de compartir todo lo que sé, voy a compartir todo lo que soy.

Llevo toda mi vida escuchando: «¿Cómo puedes desprender siempre tanto entusiasmo?». Me lo dicen al terminar mis conferencias; cuando explico una idea para un nuevo libro; tras las sesiones del posgrado universitario sobre felicidad organizacional que creé hace años y por el que, en los inicios, muchos me tomaron por loco. Dicho coloquialmente, me vengo muy arriba con todo. Y si bien es verdad que nací con cierta predisposición genética a entusiasmarme, llevo años trabajando esta actitud de forma consciente y sistemática. He aprendido a graduar mi energía, a no dejarme arrastrar por ella, a prenderla con urgencia cuando se apaga porque el mundo se pone cuesta arriba.

En el otro extremo, en mis formaciones de liderazgo me cruzo con muchas personas que viven envueltas en una apatía crónica, tanto en el plano personal como en el profesional.

—Ya me motivaré cuando cumplamos objetivos —dicen.

Desconocen que el entusiasmo es un poder que, además de ayudarnos a cumplir esos objetivos, hace que vivamos el camino con plenitud. No solo convierte nuestra vida en más exitosa; también logra que el éxito nos llene más.

Por eso he escrito este libro, para poner este poder a tu alcance.

¿Así de fácil?, te preguntarás.

No es fácil, pero sí muy simple. Si decides ser una de esas personas que todos quieren tener cerca por la buena energía que desprenden, toca entrenar. Como decía el sabio, solo hay felicidad donde reina la virtud y el esfuerzo serio, pues la vida no es un juego. Lo bueno de las rutinas que voy a proponerte es que son muy sencillas y pronto pasarás del «tengo» que practicarlas, al «quiero» practicarlas. No puede ser de otro modo. El primero que se encuentra a gusto con alguien entusiasmado es uno mismo.

Lo he vivido, y por eso quiero comenzar con una historia muy real.

Gracias por formar parte de ella.

Una historia muy real

Mi primer manuscrito de novela, casi quinientas páginas, terminó en una papelera. Y el segundo. En total, cuatro años de trabajo hechos pedazos. La tercera versión, que completé gracias a seguir cultivando mi entusiasmo a pesar de los desvelos, me introdujo en los hogares de muchos lectores de varios países y mi vida cambió para siempre.

Pero deja que me remonte un poco más atrás.

Ya de niño me gustaba tener público. Hice buena parte de la carrera de piano y mis padres cuentan que, mientras ensayaba, giraba la cabeza para ver si andaban por allí. Lejos de darme vergüenza, cuando alguien me escuchaba me entregaba a la pieza como si estuviera tocando en el Teatro Real. Esto, aunque entonces no fuera consciente, respondía a una vocación de comunicador que me venía de serie, no a que me apasionara la música clásica.

Tuve que llegar a la universidad donde estudié Derecho para darme cuenta de que mi camino no discurría por las líneas demasiado paralelas de aquellas partituras.

Cuanto tomé la decisión de dejarlo, mi cabeza estalló: «¡Después de tantísimas horas, días, años, sentado frente al piano! ¡Si ahora lo abandonas, todo ese esfuerzo no habrá servido de nada! ¡Con lo bien que podrías haber estado jugando al fútbol, qué forma tan absurda de desperdiciar tu infancia!».

Seguro que te resulta familiar esa voz interior. Para muchas personas, desprenderse de cualquier cosa es sinónimo de drama. Pero para que algo nuevo quepa en tu vida, has de dejar ir parte de lo viejo. Y apenas unos días después de decir adiós a Mozart y compañía, un compañero de clase me invitó a unirme a un grupo de pop que estaba formando, donde terminé de teclista y cantante.

El día que entré con mi nuevo amigo José Ignacio en la habitación donde ensayaban tuve una suerte de epifanía. En aquella fotografía sí que me reconocía, envuelto por aquella nueva música me sentía yo mismo. De pronto tenía clarísimo mi propósito: crear. Necesitaba componer canciones —el verbo necesitar está elegido aposta, porque de pronto no podía vivir sin ello—. Y, aunque nunca antes lo había hecho, me puse manos a la obra. «En lugar de esperar a tener confianza para actuar —me dije—, actúa para tener confianza».

Por primera vez experimenté de forma consciente el poder del entusiasmo: la sensación de libertad por saberme en el camino correcto, la fuerza que me empujaba a buscar vías de mejora... Creía en mi nuevo proyecto. Más aún, creía en mí mismo.

Esta llama interior me permitió estirar las jornadas de forma mágica. Grababa maquetas y daba conciertos mientras iba aprobando en la facultad, ya que parte del plan era cumplir con los estudios que había iniciado, aun cuando solo fuera para tener la licenciatura. Y es que estaba convencido de que jamás necesitaría el título porque íbamos a convertirnos en estrellas del pop. Pero tres años después, ese día en el que te lo juegas todo, en la final de un certamen nacional que tenía como premio la grabación de un disco, nos quedamos a las puertas.

«¡Qué fracaso!».

Esta es la primera frase que teclea tu mente ante una situación así —y la mente de quienes te rodean—. Justo el tipo de pensamiento tsunami que apaga el fuego del entusiasmo. Pero, curiosamente, no me arrepentía ni me avergonzaba de haber volcado en aquella aventura toneladas de ilusión y de entrega. ¡Me había convertido en un músico mucho más completo junto a personas geniales con las que compartía ilusiones y propósito! Precisamente por haber derrochado tanta energía positiva, había vivido unos años felices. ¿Quién se atrevía a decir que, de alguna forma, no había triunfado?

Mantener esa actitud —vuelvo al título de esta introducción— no fue fácil, pero sí muy simple. De primeras me quedé hecho polvo, pero decidí no volverme un amargado. Y esto no va de positivismo tóxico; va de escoger con valentía el camino más saludable y productivo. Tras el veredicto del jurado tenía dos opciones: regodearme en la «suerte» de la banda ganadora y ponerme el traje de víctima —«los jueces del certamen no tenían ni idea», «justo cuando tocamos nosotros sonó mal el equipo», «yo hago música de verdad, no esa porquería comercial»—, o pensar en cuántos músicos habrían dado todo lo que tenían por estar en mi lugar.

Como suele decirse, lo peor de una final es no estar en ella y tener que verla por televisión.

En lugar de anclarme en la frustración por todo lo que me faltaba, necesitaba experimentar gratitud por cada pequeño avance logrado, como los contactos en la industria y medios de comunicación que habíamos hecho gracias al concurso. Y seguí componiendo como si no hubiera un mañana, mostrando aquí y allá mis nuevos temas sin sentirme ridículo por ello —porque otro de los beneficios de vivir con entusiasmo es que deja de condicionarte lo que puedan pensar los demás—.

Como dice un proverbio sufí que escuché hace treinta años en la orilla siria del Éufrates: si insistes ante una sola puerta, mil puertas se abrirán ante ti. Y, gracias a que seguí aporreando la mía, conocí a Ecequiel Barricart, líder de otra banda llamada Catorce de Septiembre, que me contagió su entusiasmo cuando más falta me hacía. Forjamos una amistad fraternal que aún perdura, nos fichó la multinacional Sony Music y, esta vez sí, acaricié el éxito. Grabamos el disco en unos estudios de Francia con un productor de fama internacional, aparecimos en las revistas juveniles, salimos de gira con Los 40 Principales... Incluso tocamos en la Expo92 de Sevilla para un programa de televisión en el que nos vieron millones de personas. Y, entretanto, aún tuve fuerzas para aprobar el último curso de Derecho a base de ponerme tapones en los conciertos para que, al terminar, no me pitasen los oídos y pudiera estudiar en el hotel.

El hecho mismo de alcanzar esta meta académica —que, vista desde la distancia, me parece más improbable que la de Kennedy de llevar astronautas a la Luna— era la prueba de que cuando vives con entusiasmo haces más, pero sobre todo lo haces mejor.

Esta vez todo pintaba muy bien, pero aquella segunda banda se disolvió de forma tan fugaz como había ascendido. De nuevo tocaba reiniciar, practicar la gratitud por lo vivido y aprendido, considerar el fracaso como una escala natural del camino, reafirmar el propósito que daba sentido a tanto esfuerzo... Me dediqué a reunir herramientas para lidiar con el efecto rebote —después de tocar el cielo, más dura suele ser la caída— y defenderme de los tres vampiros del entusiasmo: la queja, el caos interior y el miedo.

Más adelante los conocerás a fondo, al igual que mis propuestas para que no te chupen la energía. De hecho, a lo largo del libro encontrarás ejercicios para aterrizar todos los conceptos.

Hagamos una pausa para introducir el primero.

Busca un anclaje

En el viaje de la vida generamos muchos anclajes emocionales de forma inconsciente: el olor a pan que nos transporta a nuestra infancia, el ruido de las olas que nos evoca momentos de calma... Pero también podemos crearlos de manera intencionada. Esta técnica básica de PNL —programación neurolingüística—

consiste en asociar un estímulo —visual, olfativo, auditivo— a un estado emocional para provocar dicha sensación cuando nos interesa.

En aquellos años, mi anclaje era una canción de la banda inglesa Dire Straits llamada *Telegraph Road*. El día que conocí al guitarra de mi primer grupo, estaba punteando el solo con tanto parecido al original que me dejó sin respiración. Así que, cuando pasaba por momentos bajos, la escuchaba y de inmediato se me ponían los pelos de punta, prendía de nuevo el entusiasmo por crear algo parecido, volvía a no importarme el esfuerzo y sacrificio que me pidiera a cambio. Ahora mismo la tengo sonando de fondo y se me humedecen los ojos. Hace que me olvide de comer y dormir y que solo quiera seguir escribiendo.

Busca tu propio anclaje. Si no es una canción, puede ser una foto, una pequeña figura traída de un viaje... Algo que puedas acercar al corazón o apretar fuerte cuando tu entusiasmo decaiga. También puede servirte una frase de este libro que te resuene y te traiga a este preciso momento en el que, juntos, iniciamos esta aventura.

Mientras comenzaba a ejercer de abogado me dediqué a componer canciones para otros artistas, pero al cabo de un tiempo dejé ir definitivamente mi sueño de músico —para que algo nuevo quepa en tu vida, has de dejar ir parte de lo viejo— y sustituí las notas y silencios del piano por palabras y espacios en un papel. Al fin y al cabo, me dije, había escrito las letras de docenas de canciones. ¿Por qué no probar a expresarme a través de una novela? Todo salía del mismo corazón y estaba destinado a traspasar el de la persona que tuviera delante. El propósito era el mismo: crear, comunicar, generar emociones. Además, acababa de regresar del Tíbet tras haber cruzado el Himalaya en una ruta que tuvo mucho de iniciática, y me rondaba por la cabeza una trama de aventuras que podía funcionar.

Estaba tan entusiasmado con este nuevo proyecto que, cuando llegaba a casa al salir del despacho, encendía el portátil antes de quitarme el traje para que el sistema operativo fuera activándose mientras me cambiaba —era el año 2003 y necesitaba unos minutos para ponerse en marcha—. De ese modo, cuando me sentaba a escribir, no perdía ni un segundo esperando.

Pronto descubrí que la escritura era mi forma de expresión más genuina —benditas puertas sufís—, pero he de confesar que me lancé al vacío sin imaginar lo complicado que iba a ser. El trabajo me absorbía y tenía que valerme de las noches, un mes, y otro, robándole horas al sueño. Pero todo estaba bien. Para entonces ya tenía un mantra que me repetía constantemente y al que dedicaré la segunda parte de este libro:

Aceptación – Atención – Acción

Me había puesto las pilas AAA del entusiasmo —como las llamé por las iniciales—, no había quien me parase. De nuevo entregado a cada minuto, era consciente de que, como advertía Osho, la vida no nos espera más allá, nos sucede aquí y ahora. No es una meta futura que hemos de alcanzar. Está en nuestro respirar, en el latir de nuestro corazón, en cada palabra escrita.

Dos años después, mientras seguía trabajando once horas diarias en el despacho, puse fin a un manuscrito de cuatrocientas sesenta y ocho páginas para las que, como puedes imaginar, previamente había roto diez veces más en borradores. Ese mismo día contacté con todos los agentes literarios que encontré por internet y me contestó Montse Yáñez, quien representaba a grandes autores a los que yo admiraba. Cuando fui a conocerla me hizo esta pregunta:

—¿Me das tu palabra de que esta novela es lo primero que has escrito en tu vida? —Yo, hinchado de orgullo, le contesté que sí; y ella concluyó—: Pues rómpela y empieza de nuevo.

—¿Cómo? —salté—. ¡Si llevo dos años sin dormir! ¿No se suponía que me habías citado porque te gustaba mi obra?

—Tienes un ritmo narrativo que no parece de autor novel —explicó—; pero para convertirte en un verdadero escritor te falta madurar. Así que, en lugar de quemarte con una novela prematura, sigue trabajando y, cuando llegue la hora, iremos a por una editorial de primera división.

Estuve a punto de entrar en *shock.* ¿Empezar de cero? Pero respiré hondo, conté hasta diez y tiré el manuscrito a su papelera mientras exclamaba riendo —aunque alguna lagrimilla quería salir—:

—¡He conseguido que una agente internacional apueste por mí, no puede ser mejor noticia!

Y, según cuenta Montse, con esa muestra abierta de entusiasmo terminé de ganármela.

Regresé a casa, comencé de nuevo desde la página uno y pasé otros dos años escribiendo una segunda versión. Cada mañana una nueva oportunidad de crear algo bello, con este propósito como motor y faro. Y al poco de poner el «fin», se cumplió la predicción y conseguí fichar para un gran sello.

¿La publiqué entonces? Tampoco. Sentado en el despacho de mi editora, esta me confió que, aun cuando la novela estaba a la altura de su catálogo, todavía me veía capaz de lograr una versión mejor, pero que la decisión era mía. Y me confesó que si se atrevía a proponérmelo era por mi entusiasmo. ¡De nuevo esa palabra!

—Hay que sacar el máximo partido a esas ganas —concluyó.

Te aseguro que, de primeras, lo que ahora sé que fue un piropo me pareció una broma. Me sentí en mitad de una pesadilla de Sísifo, el personaje de la mitología griega que empuja una y otra vez una piedra esférica hacia lo alto de una montaña. Pero me forcé a contemplar con perspectiva la maravilla que estaba viviendo y las posibilidades que volvían a abrirse ante mí. De nuevo conté hasta diez, tiré el segundo manuscrito a una papelera —diferente de la anterior— y comencé a escribir desde cero una tercera versión.

Once meses después —suman ya cinco años de doble vida, abogado de día y aspirante a escritor de noche— se publicó *El guardián de la flor de loto*, mi primera novela. El título hacía alusión a esa preciosa flor que brota en las aguas más turbias, allí donde parece que nada puede germinar. Lo mismo que les pasa a tantas personas obligadas a florecer en un mundo que muchas veces se lo pone muy difícil.

El día que se lanzó, me propuse un nuevo reto: investigar cómo había mantenido encendido mi entusiasmo contra viento y marea. Quería identificar patrones para repetir el comportamiento y, por qué no, construir un decálogo que pudiera servir de guía a otras personas.

Aquel fue el primer paso de otro gran viaje. El germen de mi carrera en el mundo del desarrollo personal que, desde entonces, he simultaneado con otras novelas.

Ha llegado el momento de compartir esos hallazgos contigo.

VIAJE AL ENTUSIASMO

La actitud no lo es todo, pero casi

El entusiasmo es una actitud ante la vida que te convierte en una persona más feliz y productiva. Y no seré yo quien diga que con la actitud adecuada se consigue todo; pero sí sé que, sin ella, es muy difícil alcanzar tus objetivos.

Vayamos por partes: ¿a qué me refiero cuando hablo de actitud? A una disposición mental que condiciona la forma en la que interpretas el mundo —situaciones, personas, ideas— y, en consecuencia, también condiciona la manera en la que te comportas.

Afinando un poco más: la actitud influye en tu atención, haciendo que valores unas cosas e ignores otras; esta percepción personal de la realidad influye en tus emociones —que son automáticas, pero nunca arbitrarias—; y estas emociones influyen en tu fisiología y energía disponible, empujándote hacia el comportamiento que pones en marcha.

Tus acciones no surgen en el vacío, sino dentro de este ciclo.

> Tu actitud no cambia las circunstancias,
> pero sí cambia lo que eres capaz de hacer con ellas.
> Tu actitud no te asegura los resultados,
> pero sí puede allanarte el camino hacia ellos.

Imagina que trabajas en un departamento comercial y tu jefe os propone incorporar una aplicación móvil para recabar opiniones de los clientes en tiempo real. En tu equipo habrá compañeros que lo verán como una amenaza para sus puestos de trabajo —«¡Si salgo mal en la foto, me echarán!»—, mientras que otros lo interpretarán como una vía de crecimiento para la empresa y, por lo tanto, de oportunidades para que puedas promocionar. Si los datos recogidos por la nueva *app* no son buenos, el primer grupo se cerrará al cambio —«¡No te puedes fiar de lo que dice ese cacharro, con lo bien que estábamos!»—, mientras que los compañeros que habían mostrado una actitud abierta y positiva tratarán de extraer un aprendizaje.

Como podrás imaginar, el futuro laboral de unos y otros va a ser bien distinto, y no porque estén más o menos preparados profesionalmente, sino porque su actitud es diferente.

La ciencia avala este ejemplo. Investigadores como Carol Dweck explican que podemos adoptar dos actitudes muy distintas ante el aprendizaje: mentalidad fija —*fixed mindset*— y mentalidad de crecimiento —*growth mindset*—.

Aquellos que tienen mentalidad fija creen que algunas capacidades como la creatividad o el carisma son estáticas. O se tienen o no se tienen; y, si no ha habido suerte en el reparto, no tienes nada que hacer. Pasan el día comparándose con el resto, piensan que si han de esforzarse es porque no son lo bastante buenos, activan emociones de miedo —al error, a lo que piensen los demás— y se paralizan.

Sin embargo, quienes cultivan una mentalidad de crecimiento y están convencidos de que pueden desarrollar sus habilidades, solo se comparan con la persona que eran el día anterior. Activan emociones de curiosidad o exaltación, ven el error como una parte natural del proceso, se sienten estimulados por los desafíos y dan ese paso que marca la diferencia. En escuelas, empresas y deportes de élite, las personas que entrenan esta actitud perseveran, se adaptan mejor a cualquier situación y, en última instancia, rinden más. Tal vez la clave esté en que no actúan para demostrar lo que valen, sino para descubrir hasta dónde pueden llegar.

Esta tesis no niega la existencia de talentos distintos, ya que es obvio que cada persona viene a este mundo con unas cualidades más o menos desarrolladas. Lo que propone es algo mucho más potente: el talento sin actitud se agota, mientras que la actitud sin talento puede ayudarte a que lo aprendas casi todo.

Volviendo al ejemplo del equipo: la simple llegada al trabajo un lunes por la mañana es sufrida por el primer grupo como el peor drama de la humanidad, mientras que quienes tienen mentalidad de crecimiento la llevan bien e incluso saludan a sus compañeros con alegría, como si llevaran mucho tiempo sin verlos. Y es que realmente están contentos, porque saben que la mejor forma de crecer es caminar juntos.

Lo más gracioso es que hay personas a quienes les sienta mal que sus compañeros tengan ganas de aprender. Prefieren ridiculizarlos para justificar su propia apatía.

—Ya ha llegado el «motivado» —murmuran.

Les da rabia que otros cultiven actitudes positivas porque los dejan en evidencia, y su defensa suele ser un ataque con chistes y descalificaciones. Tal vez en algún momento te toque lidiar con alguna de estas personalidades; o incluso puede que seas tú quien caiga de ese lado. Pero no te preocupes, volveré sobre ello para mostrarte cómo salir de ahí.

De momento, quédate con esta idea: según sea tu actitud, puedes vivir de forma muy diferente la realidad que te viene dada.

Actitud de entusiasmo

La actitud de crecimiento que veíamos en el apartado anterior está integrada en la actitud de entusiasmo, pero esta va más allá; y lo mismo pasa con la actitud de superación, de la que tanto se habla. También se integra en la de entusiasmo, pero esta es más grande, como si se tratara de la madre de un juego de matrioskas, las muñecas rusas que llevan otras en su interior.

Para entenderlo, deja que te presente a una mujer muy inspiradora: Regina García, la española a la que Franklin Delano Roosevelt besó el pie.

Su padre, un campesino de principios del siglo XX con siete bocas que alimentar, decidió montar un aserradero con tan mala suerte que, el día que probaba la maquinaria, su hija de ocho años perdió ambos brazos. Fue un milagro que el humilde médico local lograse detener la hemorragia y salvar la vida de Regina, pero lo más sorprendente llegó después. En lugar de convertirse en una desahuciada, hizo suya una máxima que hoy se disputarían Nike y Adidas: «No tengo brazos, ni los necesito». Tras ver cómo el mono de un titiritero que actuaba en la plaza de su pueblo partía nueces con los pies, aprendió a usar los suyos no solo para comer o vestirse, sino para escribir y tocar instrumentos. La Asturianita —así comenzaron a llamarla— no tenía límites, hacía posible todo lo que se proponía. Hasta tirar al blanco y conducir —la Ford terminó patrocinándola con otro eslogan mítico que recorrió el planeta: «Si ella puede conducir nuestros coches, todo el mundo puede hacerlo»—. En una actuación improvisada en un teatro dejó sin palabras a la infanta Isabel de Borbón y comenzó una gira por toda España que terminó extendiéndose por otros cuarenta y tres países mientras tenía tiempo de enamorarse, crear una familia, separarse y emprender proyectos empresariales y filantrópicos.

Es obvio que Regina se caracterizó por su actitud de superación. Tenía una firme determinación para adaptarse y avanzar a pesar de las dificultades con fuerza de voluntad y resiliencia. Pero a esta actitud, que a menudo tiene un tono de lucha interna —la batalla no suele ser solo contra la adversidad, sino también contra uno mismo—, sumó una valiosa actitud de entusiasmo. En su día a día, la Asturianita no avanzaba con el rostro tenso, los puños apretados y la mirada fija en el obstáculo. Lo hacía con los ojos brillantes y una energía increíblemente contagiosa que surgía del hecho de estar disfrutando el instante —y hablo de disfrutar en el sentido no solo lúdico, sino también en el de sacar el máximo partido al ahora—. Sin duda, quería demostrar que «se puede», pero esta lucha épica venía acompañada de una conexión genuina con lo que era y de un profundo deseo de vivir.

Apuesto a que esta actitud fue la que, en su visita a la Casa Blanca, llevó al presidente americano a saludarla dándole un beso en su pie enguantado.

Y es que la actitud de superación puede ayudarte a atravesar la peor tormenta, pero la actitud de entusiasmo te empuja a bailar bajo la lluvia... ¡y contagia a los demás para que bailen contigo!

> La actitud de entusiasmo integra la actitud de crecimiento y de superación, pero va más allá.
> Nos impulsa a actuar, pero también nos hace disfrutar del camino y celebrar lo que somos y podemos llegar a ser.

Sigamos desgranando las claves de esta poderosa actitud, para aprender a encenderla y mantenerla encendida. No somos marionetas del mundo exterior, ni tampoco arquitectos absolutos de nuestra realidad. Pero lo que sí somos —y esto nos ofrece un abanico inmenso de oportunidades— es el puente entre lo que ocurre y lo que finalmente hacemos con ello.

Tienes la responsabilidad de entusiasmarte

Una vez comprendido que la actitud de entusiasmo no es la solución a todos tus problemas, pero sí una herramienta eficaz para superarlos y acercarte a tus metas, aquí va otra declaración que me gustaría que te grabases a fuego: vivir con entusiasmo no es una obligación, pero sí es un acto de responsabilidad.

Esto, como ya he mencionado antes, no va de positivismo tóxico. Las actitudes positivas no deben imponerse, y menos aún en contextos en los que experimentar emociones como la tristeza, el enfado o el agotamiento puede ser natural, sano o simplemente humano. Las emociones que llamamos negativas también tienen su función y su sentido. Si las enterramos bajo falsas sonrisas, degradamos nuestra bendita complejidad, perdemos autenticidad, y es probable que nos encerremos en nosotros mismos presos de la culpa. De hecho, no hay mensaje más cruel que el «si no estás bien, es porque no te esfuerzas». Además, la expectativa de estar entusiasmados todo el tiempo puede generar ansiedad y agotamiento. «Si no muestro pasión pareceré un flojo, o poco comprometido, o seré invisible». Por ello no es justo reclamar energía emocional como si se tratase de una herramienta de productividad. Y, en algunos momentos de duelo o incertidumbre, tampoco es acertado estimular el «¡vamos, anímate!».

Hace poco asistí a un funeral y el viudo le decía a un familiar:

—Es que no me quiero animar.

Lo único que nos pedía era que le acompañásemos en su dolor, que estuviéramos a su lado mientras experimentaba en paz una pena inmensa con la que honraba los años vividos con la persona amada. Para eso sirven también los amigos, para estar a tu lado sin necesidad de decir nada.

Pero todo lo anterior no está reñido con el título de este apartado: tienes la responsabilidad de entusiasmarte. Has de hacer todo lo que esté en tu mano para enfrentar los desafíos cotidianos desde esta poderosa actitud. Y no ya por ti, sino por aquellos que te rodean.

> Cuando cultivamos una actitud de entusiasmo, además de ahorrarnos sufrimiento a nosotros mismos, se lo ahorramos a los demás.

La actitud de entusiasmo no es un estado de ánimo pasajero o una euforia superficial. Es una forma consciente y activa de estar en el mundo que parte de una decisión valiente. Cuando despiertas por la mañana y te miras en el espejo del baño, es mucho más fácil ponerte el maquillaje de víctima que las pinturas de guerra. Pero has de saber que la opción que escojas determinará, además de tu forma de ser, tu forma de relacionarte. Del baño pasarás a la cocina, donde tu pareja estará tomando un café tranquilamente; y si has decidido no luchar por las cosas que merecen la pena —como entusiasmarse— e ir de víctima, tardarás segundo y medio en encontrar un motivo para quejarte y soltar una frase desagradable.

Cuidado con las microagresiones. El barco de una relación se hunde por pequeñas fugas.

Ya lo advierte el psicólogo Daniel Goleman, rey de la inteligencia emocional: la actitud no solo influye en uno mismo, se contagia socialmente. Y Epicteto escribió mucho antes: «Procura ser un ejemplo de buena conducta como si alguien te estuviera mirando; porque, en efecto, alguien te está mirando». Dependiendo de la actitud que escojas sostener en el tiempo, estarás moldeando de forma positiva o negativa no solo tu percepción de la realidad y tus actos consiguientes, sino también el clima emocional de tu familia, grupo de amigos o compañeros de trabajo.

Sabiendo esto, ¿todavía tienes el valor de renunciar a entusiasmarte?

«Andrés, yo es que de verdad paso de estos rollos, la cosa no va conmigo». Aunque pienses así, tómatelo como un acto de pura generosidad y, como te diría Laurie Santos, doctora de Psicología positiva en Yale, todos saldréis ganando. Esta mujer creó un curso llamado «La ciencia del bienestar» que se ha convertido en el más popular de los trescientos años de vida de la universidad americana. El que tenga semejante aluvión de estudiantes apuntados cada edición quiere decir que los seres humanos preferimos estar bien antes que ser ricos. Pero si la saco ahora a colación es porque, cuando le piden una receta rápida para ser feliz, suele decir:

—Piensa un poquito más en el aquí, en el ahora… y en los demás.

El dalái lama dice que solo hay compasión cuando los otros son más importantes que tú mismo. Algo que uno de los alumnos del posgrado de felicidad organizacional que dirijo ha bautizado como FeliciDar. El hacer cosas por los demás, aparte de lo correcto, también es lo más rentable.

Hay cinco comportamientos acreditados que hacen más felices a quienes los practican: rutinas saludables, gratitud, meditación, socialización y altruismo —como verás, parecen sacados del decálogo de las más antiguas tradiciones espirituales—. Y si bien solemos identificar altruismo con donar bienes o tiempo —que por otra parte es nuestro recurso más preciado, ya que es el único que no se puede recuperar—, también podemos ofrecer nuestra actitud.

Un mendigo preguntó a Buda qué tenía que hacer para ser feliz. Este le contestó:

—Para ser feliz has de ser caritativo.

El mendigo, un tanto frustrado, protestó:

—¡Qué injusto, yo no tengo nada para dar a los demás!

A lo que el maestro repuso:

—Por supuesto que tienes algo, y muy valioso. Tienes tu sonrisa.

Valiosa para el mendigo y valiosísima para el resto.

Como tu entusiasmo.

La energía del éxito

Cuando cultivas la actitud de entusiasmo, generas una energía inigualable. Y no hablo solo de motivación, que es un efecto natural —más adelante la estudiaremos en profundidad—. Me refiero a una reacción en cadena que se retroalimenta y te conduce a otro nivel de productividad y disfrute.

¿Recuerdas el ciclo del entusiasmo que apuntaba en el capítulo anterior?

Actitud → Percepción → Emoción → Comportamiento

En el apartado de bibliografía compartiré diversas referencias sesudas de psicología cognitivo-emocional que me han conducido hasta este modelo, para que puedas profundizar si lo deseas. Pero deja que ahora te cuente algo.

Siempre visto con colores básicos: blanco, negro, gris, azul, gamas de marrón, sin formas ni dibujos… salvo en los calcetines. No es que me vayan los extravagantes, pero me gustan con un toque original —los tengo de búhos, de camuflaje, de racimos de uva, que por algo soy de La Rioja—. Y me gusta aún más la historia de quien mejor los fabrica: John Lee Cronin, un joven con síndrome de Down que, junto con su padre Mark, cofundó hace una década la exitosa marca John's Crazy Socks.

Desde esta empresa de Long Island, padre e hijo dispensan miles de calcetines a los lugares más remotos. Y lo mejor es que, mientras le dan una y otra vez a la caja registradora, emplean a personas con discapacidad y donan parte de sus beneficios a organizaciones como Special Olympics y la Sociedad Nacional del Síndrome de Down. Pero ¿qué los convierte en un referente para el estudio del entusiasmo?

Primero, su actitud: a cada oportunidad, celebran la vida. Y, cómo no, celebran el que cada persona tenga una identidad única. «Mi calcetín me permite ser yo mismo», dice John mientras muestra uno de superhéroes que estira por fuera del pantalón.

Esta actitud hace que perciban el mundo de forma especial, yendo más allá de lo funcional. Cuando miran los calcetines no ven productos, ven sonrisas: las que sus clientes dibujamos gracias a su creatividad y sentido del humor.

Dado que perciben así la realidad, generan emociones muy positivas que, además, contagian a través de sus publicaciones y pódcast.

—La energía de mi hijo no solo es visible en cómo trabaja —explica Mark—, sino en cada instante de su existencia.

Y, para cerrar el ciclo, desarrollan esas acciones, como el empleo inclusivo, por las que han recibido tantos premios… sin olvidar nunca lo más pequeño, como las notas personalizadas que John incluye en los pedidos según el calcetín que hayas escogido.

En resumen:

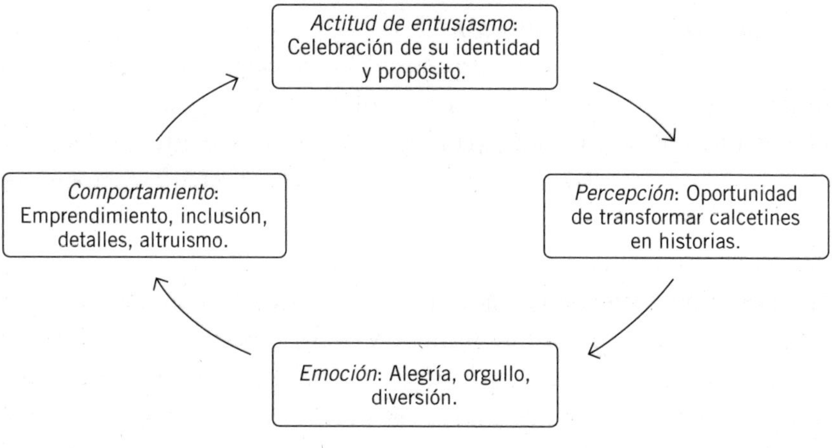

El entusiasmo de John y Mark no nace del éxito. Es el éxito el que ha nacido a partir de su entusiasmo.

Y lo mismo pasa si saltamos del plano profesional al más personal e íntimo, donde el ciclo opera igual.

Imagina que tu relación de pareja ha perdido fuelle. Nadie puede decir que no os queréis, pero de un tiempo a esta parte vuestra mayor conexión es logística: facturas, horarios de niños, compras en el súper…

Si quieres volver a encender la llama, prueba a sostener —como te explicaré con detalle a lo largo del libro— una actitud entusiasta que honre y celebre lo que estáis construyendo, siempre abierta al disfrute de lo cotidiano.

Esta actitud no te librará de llevar a los hijos a todo correr a las extraescolares, pero volverás a ver con claridad a través de la bruma de la rutina. Percibirás gestos de entrega de tu pareja que habías dejado de valorar o, a la inversa, oportunidades de sorprenderle.

Entonces estallarán emociones desterradas: ternura, gratitud, orgullo al comprender que tenéis propósitos comunes que pueden con todo.

Y, para cerrar el ciclo, estas emociones os empujarán —a ambos, por el contagio del que hablaremos enseguida— a llevar a cabo acciones sencillas y poderosas como enviarle un vídeo divertido a media mañana, comer charlando sin encender la tele, revisitar rincones de la ciudad donde habéis vivido momentos felices o dedicar unos minutos a contaros algo que os ilusione antes de dormir, en lugar de dejaros arrastrar por las redes sociales.

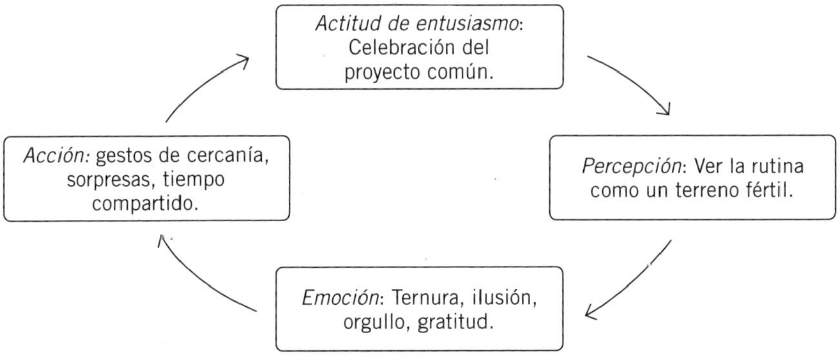

Beneficios del entusiasmo

Quienes cultivan la actitud de entusiasmo disfrutan de una serie de beneficios que, hace años, apunté en una servilleta de papel. Fue en una jornada compartida con mi admirado Eduard Punset, uno de los grandes divulgadores que ha dado este país. Por aquel entonces yo dirigía un foro cultural de la Fundación Vocento al que, cada mes, invitaba a una personalidad de las artes o las ciencias para conversar durante una hora sobre un escenario. Así que, tras coincidir con él en un tren, se lo propuse y aceptó acompañarme para presentar su libro *Viaje al optimismo*.

Al terminar la charla, mientras tomábamos unas tapas, le conté que a mí también me gustaría escribir un viaje… pero al entusiasmo —de ahí el título de esta primera parte, un pequeño homenaje a su memoria—. Él mismo desprendía una energía vibrante, cada dos por tres se detenía para hablar con los jóvenes que lo reconocían, y conversamos largo y tendido sobre las diferencias entre estos dos conceptos que en ocasiones se confunden.

El optimismo es una actitud fundamentada en avances científicos, tecnológicos y sociales que nos permiten prever un futuro mejor; una forma racional de mirar hacia adelante con esperanza. En su libro, Punset explicaba que la esperanza de vida ha aumentado más en los últimos cien años que en los milenios anteriores; que la cooperación, no la competencia, ha sido clave para la supervivencia de la especie; y que la educación emocional está ganando espacio.

—Ser optimista es algo lógico —concluyó con su tono juguetón— y, además, tiene muchos beneficios.

Cuando le pregunté cuáles eran, echó mano de diversos estudios y me habló de bienestar psicológico y físico, resiliencia ante la adversidad, apertura al aprendizaje y a la creatividad, relaciones sociales más saludables…

En aquel momento pensé que, por mi parte, tenía claro lo que se siente cuando estás entusiasmado, las palpitaciones que te inyectan energía y el burbujeo en el estómago. Pero ¿sería capaz de componer una lista de beneficios comunes a todas las personas que desarrollan esta actitud?

Y me lancé a bosquejar en una servilleta de bar lo que, con el tiempo, concreté en estos siete:

1. Te sientes libre. Las opiniones o creencias ajenas no te cortan las alas, ya que crees en ti mismo y en tus proyectos. Tu única guía es tu propósito, que muestras al resto sin miedo a equivocarte o a ser rechazado.
2. El caos no te bloquea. En lugar de desesperarte o sentir ansiedad ante la incertidumbre y la imposibilidad de controlarlo todo, interpretas cada situación como una puerta fascinante por la que emprender nuevos caminos.
3. Disfrutas el presente en plenitud. No te encadenas al pasado, porque el entusiasmo te conecta al ahora. Quieres vivir este instante y ningún otro, lo cual es la base de una existencia feliz.
4. Ves tus opciones con claridad. Como estás sediento de vida, abres los ojos —los cinco sentidos, en realidad— y estás mucho más atento al mundo que te rodea. En lugar de tener la mente perdida en expectativas de futuro, te concentras en las oportunidades que te ofrece el momento.
5. No te rindes. Por muchos traspiés que sufras, consideras los fracasos como una parte natural del proceso. Cada día eres una persona más completa y tienes la oportunidad de seguir caminando de forma más acertada.
6. Saltas del yo al nosotros. Al entregarte a tus proyectos en cuerpo y alma, desapareces tú mismo —te liberas del ego— y aparece el nosotros. Esta confianza en los demás genera equipos brillantes.
7. Siempre llegas un poco más allá. Confías en tus corazonadas, dado que el entusiasmo no fluye de la razón, sino del corazón, donde también habitan los propósitos que dotan de sentido a todo lo demás. Esto te empuja a dar ese paso que marca la diferencia.

El que sean siete beneficios no es casual del todo. Como ya escribí en mi libro *Incertidumbre positiva* —un método que constaba de siete pasos—, ese número siempre ha tenido algo de mágico. Los siete principios del camino del samurái en el *bushido*, los siete chakras del hinduismo, hasta los siete colores del arco iris, que podríamos ver como una puerta de luz en mitad de la tormenta, dibujando un sendero hacia el entusiasmo sean cuales sean las circunstancias que te rodean.

A medida que vayas entrenando tu actitud, si identificas estos siete beneficios en tu vida diaria podrás celebrar que lo estás haciendo bien y animarte a seguir por ese camino. Y, en el sentido contrario, si ves que no los disfrutas, sabrás que andas escaso de la energía del éxito.

De esto va el siguiente punto.

Efectos de la falta de entusiasmo

Al igual que las personas que viven con entusiasmo experimentan un florecimiento similar, quienes carecen de él también desarrollan los mismos sentimientos o vivencias negativas.

¿Echas de menos la chispa o el cosquilleo que sentías al principio de una relación o dc tu trabajo? Entonces no vives, sobrevives. ¿Cumples con tus tareas por obligación y sin ganas, quejándote de lo largas que se te hacen las horas? No vives, sobrevives. ¿Sientes envidia o fastidio cuando alguien se muestra motivado y comprometido, hasta el punto de que tienes ganas de ridiculizarlo? No vives, sobrevives. ¿Aplazas proyectos de familia o profesionales porque el esfuerzo no lo merece, o estás más enfocado en señalar problemas que en proponer mejoras o en buscar soluciones? No vives, sobrevives. Cuando por fin terminas de trabajar, ¿arrastras una sensación de apatía allá donde vas? No vives, sobrevives.

La falta de entusiasmo afecta a nuestra vida desde perspectivas muy diversas. Hablando del trabajo, da igual a qué te dediques, piensa en la apatía que se instala en los equipos cuando los que tiran del carro se apagan. Si el resto del equipo no ha forjado sus propias herramientas emocionales para mantener el entusiasmo encendido, todo se vuelve mecánico y rutinario; solo se realiza el esfuerzo justito para cumplir. Los días son un mero trámite que pasa sin emoción, ni sentido ni ganas de aprender nada nuevo, por lo que las oportunidades también pasan por delante sin que nadie las vea.

Y cómo no, la falta de entusiasmo afecta las relaciones personales. Al igual que las emociones positivas son contagiosas, también lo son la desmotivación, el conformismo o la desidia. Si las relaciones pierden vitalidad, cada vez nos separamos más; y un equipo —ahora también me refiero a la pareja y la familia— solo puede remar hacia el éxito si todos se sienten uno.

Sumergiéndonos un poco más en el pozo, a veces decimos de forma genérica que estamos «quemados con el trabajo». Cuidado con este sentimiento, porque puede agravarse y convertirse en una patología llamada precisamente síndrome del quemado, que va mucho más allá de una expresión coloquial.

El doctor Carlos Cenalmor, experto en *burnout* —el nombre anglosajón del trastorno—, explica que padecerlo no significa simplemente pasar por una etapa de mucho estrés o estar desmotivado y harto de tu curro. Supone la destrucción de tu cuerpo, tu mente y tu espíritu. Una destrucción lenta, pero letal.

Puedes reconocerlo por un agotamiento físico que te invade, aunque apenas hagas nada —y que no arreglas durmiendo porque te levantas más cansado de lo que te acostaste— y otro agotamiento, el mental, que te apaga el ánimo, te impide concentrarte y te reclama un esfuerzo enorme para cualquier tarea por sencilla que sea. En otro plano, sufres desconexión emocional, pierdes el interés por lo que haces, e incluso caes en la desconexión espiritual al olvidar el sentido de tu trabajo y hasta de tu vida.

Si en los párrafos anteriores me he desplazado hasta uno de los polos más opuestos al entusiasmo, no ha sido para deprimirte y empujarte a que cierres este libro y lo utilices para hacer fuego o calzar una mesa que cojea. Lo que quiero transmitirte es que, con las herramientas adecuadas, es posible salir incluso de ese abismo y recuperar el entusiasmo —obviamente, si has pasado de la apatía a otra patología más profunda, deberás consultar con un médico—.

Y también lo hago para señalar que cualquiera de nosotros podemos caer en ese pozo, incluso una psicóloga que ha estudiado estas disciplinas en la facultad y ha sacado todo sobresalientes y ha escrito exitosamente sobre el tema. Me refiero a la doctora Debbie Sorensen, una popular *podcaster* que compartió sin tapujos cómo había atravesado un grave *burnout*. Hacía su trabajo, sí, pero con tal falta de pasión que se estaba destruyendo por dentro.

¿Cómo lo superó? Primero —vuelvo a servirme del ciclo del entusiasmo—, cambió su actitud. Aceptó que no estaba bien y se abrió, con humildad, a nuevos hábitos de bienestar físico y emocional que le aportaran un poco de luz. Esta actitud cambió su percepción de la realidad. No es que de repente el mundo sombrío que habitaba se tiñera de rosa Barbie, pero detrás del victimismo empezó a atisbar llamitas de significado en su labor. Las emociones positivas también volvieron a llamar a su puerta —¿dónde os habíais metido, júbilo, amabilidad, gratitud, compromiso?— y recondujo su comportamiento a través de pequeñas rutinas que le hicieron recuperar la motivación: poner límites, reconectar con compañeros y, sobre todo, priorizar su bienestar.

Luego hablaremos de la fuerza de los microhábitos, como me gusta llamarlos. De hecho, tengo unas ganas enormes de hacerlo porque son la base de mis formaciones. Pero vayamos paso a paso.

La maldita adaptación hedonista

Tal vez pienses que no andas mal de entusiasmo. O que, si te flojea, no has de alarmarte porque es normal.

Pero no es normal.

Cada uno tenemos nuestras debilidades, y a mí me gusta Jim Carrey, a quien tal vez hayas visto al menos en *El show de Truman*.

El actor cuenta que, mucho antes de ser famoso, cuando vivía en una furgoneta y soñaba con triunfar en Hollywood, rellenó de forma simbólica un cheque a su nombre por diez millones de dólares con el concepto: «Servicios de actuación». Lo fechó unos años después —1995— y se lo guardó en la cartera. A partir de entonces, cada vez que se desanimaba, lo sacaba y fantaseaba acerca de cómo sería su vida cuando ganase una cantidad así —¿recuerdas lo que hablamos en la introducción sobre los anclajes emocionales que nos impulsan?—. Lo increíble de esta historia es que, llegado el año que había escrito en el cheque, su caché se disparó tras el éxito de sus dos primeras películas y le pagaron una cantidad muy cercana a los diez millones de dólares por su papel en *Dos tontos muy tontos*.

Había logrado literalmente lo que soñaba, por lo que se sintió eufórico y poderoso, la persona más feliz del mundo. Pero como él mismo confesó en su discurso de graduación en la Maharishi University, el subidón apenas le duró unas semanas. Su mente, lejos de descansar tras lograrlo, se puso a buscar el siguiente hito.

—De pronto —reconoció—, aquellos millones eran simplemente lo normal.

La explicación a esta reacción está en una lacra que los seres humanos traemos de serie: la adaptación hedonista.

Tenemos la tendencia a acostumbrarnos tan rápido a lo nuevo y a lo bueno que al poco deja de ser gratificante. Esto nos lleva a buscar constantemente nuevas experiencias para mantener el mismo nivel de satisfacción. Pero aún hay algo peor: también normalizamos las situaciones que nos provocan malestar. En términos de falta de entusiasmo pensamos: «Estoy apagado, pero qué le voy a hacer, el mundo no está para fiestas».

Caer en esta apatía crónica es un error tan común como garrafal... que por fortuna se puede corregir.

Todo empieza por mirarte al espejo, algo que muchas veces no hacemos porque sabemos que la imagen no nos va a gustar demasiado y que la transformación es costosa. No temas. El proceso que estás iniciando para generar la energía del éxito te pedirá poco y puede devolverte mucho.

Una vez asumida la responsabilidad, has de seguir mirando hacia dentro para tomar conciencia de cuál es tu nivel de entusiasmo. ¿Cómo?

En el siguiente cuadro te propongo una serie de ítems que abrirán conversaciones contigo mismo. Están basados —reformulados de forma inversa— en la llamada escala de autoevaluación de la apatía —*Apathy Evaluation Scale Self-rated*—. Si disfrutas de un elevado nivel de entusiasmo te identificarás en alto grado con buena parte de los ítems, pero lo que te pido no es que los califiques numéricamente, sino que dediques un tiempo a pensar en cada uno. Sin juzgar, con el único objetivo de conocerte mejor y aprovechar al máximo las enseñanzas que iremos compartiendo.

TEST DE ENTUSIASMO

1. COMPORTAMIENTO (grado de acción e iniciativa)
   — Me involucro activamente en mis actividades diarias.
   — Tomo la iniciativa para empezar nuevos proyectos o tareas.
   — Disfruto planificando y organizando cosas para el futuro.
   — Suelo llevar a cabo las tareas que me propongo sin postergarlas demasiado.
   — Busco constantemente nuevas experiencias que me resulten estimulantes.
   — Me esfuerzo por alcanzar mis metas personales y profesionales.
2. EMOCIONES (capacidad para experimentar interés y placer)
   — Me emociono ante la posibilidad de aprender cosas nuevas.
   — Encuentro alegría y satisfacción en las pequeñas cosas de la vida.
   — Me ilusiona pensar en el futuro y en las oportunidades que pueden surgir.
   — Disfruto de los momentos con los demás y suelo expresar mis emociones.

- Me ilusiona compartir mis ideas y proyectos con otras personas.

3. Mente (motivación para planificar y realizar acciones)
   - Me interesa descubrir y explorar nuevos temas o áreas de conocimiento.
   - Me siento motivado para mejorar en lo que hago y superar mis límites.
   - Tengo claros mis objetivos y trabajo activamente para alcanzarlos.
   - Me resulta fácil encontrar sentido y propósito en lo que hago.
   - Me considero una persona apasionada por la vida.
   - Suelo ser persistente cuando algo me interesa, incluso si surgen dificultades.
   - Me siento con energía y ganas de aprovechar cada día al máximo.

Si eres madre, padre, profesora, entrenador, o bien trabajas en equipo, también debes conocer el nivel de entusiasmo de quienes te acompañan.

Observa cómo interactúan, sus dinámicas cotidianas: si se saludan, si se sonríen, si se alientan a probar cosas, si hacen bromas y sueltan alguna carcajada. Y no dudes en entablar conversaciones sobre el tema. Charlas genuinas, eso sí. No vale preguntar a tu hija «qué tal con tu hermano» mientras lees en el WhatsApp unos mensajes «realmente» importantes; ni tampoco soltar un «cómo vas», aprovechando que pasas por la mesa de un compañero para pedirle un informe. Se trata de dar a la otra persona tu atención y presencia, crear la oportunidad de hablar de forma libre en un espacio de confianza en el que podáis compartir vulnerabilidades.

Y sin olvidar que, aunque todo eso está muy bien, lo más efectivo es inspirar con el ejemplo.

> Para brillar por fuera, primero has de brillar por dentro.

Hay personas que tienden a entregarse a los demás a costa de su propio bienestar, lo cual puede parecer loable pero no es sostenible. Recuerda que tienes la responsabilidad de entusiasmarte porque así mejorarás no solo tu vida, sino también la de las personas que te rodean. La cita más importante es con uno mismo, y es la que más desatendemos.

Seguramente habrás viajado en avión. Y seguro —o no tanto— que habrás escuchado con atención al menos una vez los consejos del personal de vuelo antes del despegue, en concreto cuando muestran la mascarilla de oxígeno:

—Si se produjera una despresurización en la cabina, antes de ponerle la mascarilla a tu hijo, póntela tú mismo, ¡porque de otra forma no tendrás el oxígeno que precisas para ayudarle y moriréis los dos!

No lo sueltan de forma tan dramática, pero la idea es la misma.

Busca primero tu plenitud personal para estar en disposición de acompañar a los demás. Incrementa tu propio entusiasmo para servir de espejo a los que caminan contigo.

El desencanto nos revela que estamos vivos

Imagina que no bebes nada de agua durante días y, cuando estás al límite, tragas dos litros de golpe. Solucionas la papeleta a corto plazo, pero no es sostenible. Del mismo modo, crear entusiasmo no va de someterte a chutes esporádicos de motivación. Puede resultar efectivo para salvar una situación difícil, pero nada más. El entusiasmo no es una energía explosiva que se inyecta dependiendo de las circunstancias; es una actitud que se cultiva y mantiene con independencia de esas circunstancias.

Pero atención: con esto no me refiero a estar siempre encendido. «Vivir es entusiasmarse, desencantarse y volver a entusiasmarse de nuevo».

Me encantan estas palabras del filósofo Francesc Torralba. Has de ser consciente de que el entusiasmo, como todo, tiene picos y valles... y algún que otro túnel. Lo que no ha de cambiar es nuestra actitud, que hemos de sostener contra viento y marea. Comenzando por la decisión diaria de estar a la altura un lunes sombrío, y un martes sombrío, y un miércoles sombrío. Porque el entusiasmo no se impone: se espera, se cultiva, y a veces hay que dejar que duerma.

Así lo expresa la cineasta neozelandesa Jane Campion, que en 1994 se llevó el Óscar al mejor guion original y la Palma de Oro en Cannes el año anterior —primera mujer en ganarla en solitario— con *El piano*.

Tras ese éxito apoteósico, Campion entró en una etapa extraña. Rechazaba grandes producciones de Hollywood porque no quería abordar nuevos proyectos hasta que volviera a conectar con el entusiasmo que se esfumó al terminar aquella película. Cuando le entrevistaban, no se quejaba ni hablaba negativamente de bloqueo, crisis o depresión.

—Es solo que nada me emociona lo suficiente —explicaba—, no encuentro la energía para contar otra historia.

Y ¿qué hizo Jane de forma diferente a otras personas que, tras una explosión de entusiasmo, han caído en la apatía —lo que podríamos llamar efecto rebote—? Desde luego, no se encerró en su chalet sin quitarse el camisón para ver en bucle su propia obra en una enorme pantalla mientras vaciaba botellas de vodka. Muy al contrario, durante el período de desencanto —estuvo casi una década desaparecida de los focos— siguió trabajando con la misma actitud de curiosidad y descubrimiento, de aprovechar el instante y celebrar lo que le ofrecía. Se dedicó a impartir clases de cine, a escribir sin rodar, a experimentar en soledad...

Regresó, con calma, con la miniserie *Top of the Lake*, en la que exploró sus propios fantasmas a través de una historia protagonizada por mujeres tan rotas como fuertes. Entonces, según cuenta, sintió una chispa; y mantuvo la misma actitud indestructible hasta que por fin prendió toda una llama olímpica mientras rodaba *El poder del perro*, aclamada como obra maestra y por la que obtuvo el Óscar a mejor dirección.

La historia de Campion es una lección de entusiasmo silencioso. Volvió a echarse la cámara al hombro no por la presión de la fama o porque lo tuviera estipulado en un contrato, sino porque había llegado el momento.

—No se trata de estar siempre motivada —dijo—. Se trata de crear espacio interior adecuado para que el entusiasmo pueda volver cuando quiera.

Permíteme que transcriba unas frases extraídas del libro *El entusiasmo,* de Torralba, al que antes me refería. Verás que no hay forma más delicada de expresarlo.

> El desencanto forma parte de la vida; por mucho que no sea una experiencia anhelada, nos revela que estamos vivos y con la capacidad de, en su momento, vibrar de nuevo con entusiasmo. [...] Ha habido quien se ha precipitado a afirmar que el entusiasmo es algo propio del corazón joven. Si por «joven» se entiende a alguien de no mucha edad, la frase es poco afortunada puesto que toda persona tiene el potencial de entusiasmarse, independientemente de sus años. [...] El entusiasmo no tiene género ni edad, ni depende del nivel social o económico. Es una energía vital que brota de lo más profundo del ser. No valen, pues, excusas...

El entusiasmo se entrena

Cuando colgué la toga de abogado para dedicarme en exclusiva a escribir y a impartir conferencias, me mudé a Londres, donde terminaría viviendo cuatro años. Era un gran reto en muchos sentidos, pero nada más llegar se cruzó en mi camino un maestro inesperado: un pequeño club de fútbol llamado Leicester City, que se hizo con todas las portadas del país.

El primer día de aquella temporada (2014-2015) el nuevo entrenador, Claudio Ranieri, un italiano experimentado, pero sin éxitos recientes, entró en un vestuario en el que reinaba el silencio. Sobre un banco encontró un puñado de periódicos que ya los habían condenado al descenso antes de jugar el primer partido. No tenían presupuesto, ni eran los más talentosos ni los más rápidos, y sus nombres no estaban en las camisetas de los adolescentes. Para las casas de apuestas, la posibilidad de que se hicieran con el campeonato era tan remota como que Elvis Presley estuviera vivo —ofrecían cinco mil a uno—. Así que respiró hondo y, en lugar de soltarles un primer discurso sobre táctica, recuperó un viejo lema de Johan Cruyff y les dijo:

—Chicos, corred, luchad y divertíos —y añadió—: Si de paso lográis mantener la portería a cero, ¡os invito a todos a *pizza*!

Los jugadores soltaron una carcajada pensando que estaba de broma, pero él concretó la oferta: las cenas serían en la Pizzería Peter, que se encontraba a seis minutos del estadio. ¿Eso era todo?

¿Dónde estaban los discursos de guerra y las presiones imposibles?

Ranieri sabía que lo que necesitaban sus jugadores era entrenar su entusiasmo. Todo su trabajo se enfocó en generar la energía que desprendían de niños, cuando soñaban con ser estrellas. Y, una vez prendida la llama, la avivó con dinámicas de grupo para crear un ambiente de confianza, definió objetivos pequeños y alcanzables... Poco a poco fue subiendo la intensidad de los retos para que se olvidasen de la meta y se volcasen en el proceso, pero siempre poniendo el disfrute por encima de todo.

Vardy, un delantero que poco antes trabajaba en una fábrica de prótesis ortopédicas porque no podía vivir del fútbol, rompió un récord nacional al marcar en once partidos consecutivos. El centrocampista Kanté, pequeño y casi invisible en el mundillo, empezó a ser conocido como Tres pulmones por su extraordinario rendimiento. Mahrez fue elegido mejor jugador de la Premier League.

Por primera vez en ciento treinta y dos años de historia del club, un puñado de obreros del fútbol se coronaron campeones de Inglaterra.

Pero si he de quedarme con una sola maravillosa noticia, es esta: el entusiasmo se entrena.

—¿Estás seguro, Andrés? Ya sabes que yo soy un triste... —me dijo con resignación el CEO de una empresa mexicana cuando le conté que estaba escribiendo este libro.

¡Por supuesto que sí! La pasada semana, una campeona de póker me explicó que todos los días practica varias horas de matemáticas, *mindfulness* y lenguaje corporal, dejando solo un 20 % al azar. Todo se entrena; y, por supuesto, también el entusiasmo.

Aprendamos pues a generar la energía del éxito.

Remedios de los clásicos

Mi padre, profesor vocacional de filosofía, pasó décadas lamentándose porque le habría encantado tocar el saxo y, al mismo tiempo, autoconvenciéndose de que era una labor imposible.

¿Imposible? Con sesenta años decidió que las únicas barreras estaban en su mente, empezó a ensayar y, a sabiendas de que nunca le darían un Grammy, ese instrumento llenó su vida de luz. Con setenta y tantos empezó a alternar el saxo con la armónica, menos agresiva para las cervicales. De nuevo página uno, de nuevo esa sonrisa de emoción, de nuevo el saber que nunca es tarde para perseguir lo que amas si estás entusiasmado.

Hoy tiene ochenta y cuatro y pasa el día ensayando y dando conciertos benéficos con su Grupo de Cámara Rioja Armónica Club.

Cuando le preguntan cómo ha conseguido cumplir su sueño, contesta:

—¿Qué puede haber más potente que tener a un dios contigo?

Fue él quien me enseñó, cuando me daba clase en el instituto, que la palabra entusiasmo viene del griego *en theos*, que significa llevar a un dios en tu interior.

Entraba al aula con su maletín y su olor a colonia —mi madre tenía una perfumería— y nos contaba cómo los filósofos clásicos ya sabían que el entusiasmo es un concepto clave para nuestro florecimiento y prosperidad.

Platón lo identificaba con la inspiración divina de los artistas que crean cosas sublimes. Aristóteles —anticipándose al diccionario corporativo más actual— advertía que para alcanzar la excelencia —*areté*— necesitamos una dosis de motivación y compromiso. Incluso los estoicos Epicteto y Séneca, que llevaban por bandera el control emocional, reconocían la conveniencia de generar esa energía que, guiada por la razón y la virtud, nos acerca a la acción justa.

Y también —seguía explicándonos mi padre—, Cicerón consideraba el entusiasmo un factor clave en la persuasión y el liderazgo:

—Nada es tan poderoso en la oratoria como la emoción genuina.

Y nos hablaba de Eneas, el protagonista del gran poema de Virgilio, a quien una llama interior le hacía perseverar en su misión a pesar de las dificultades.

—Pero lo más importante —concluía—, es que aquellos viejos sabios, además de explicar qué era y para qué servía el entusiasmo, ya proponían recomendaciones concretas para entrenarlo.

No es necesario que hayas nacido hipermotivado para desarrollar esta actitud. Por supuesto que, dependiendo de tu condición genética, el proceso te pedirá un esfuerzo mayor o menor, pero hasta la persona más triste del planeta puede ejercitarla y advertir los avances. Es como trabajar un músculo en el gimnasio. En gran medida es cuestión de tener un buen plan y disciplina.

CAJA DE HERRAMIENTAS DE LOS CLÁSICOS PARA POTENCIAR EL ENTUSIASMO

PLATÓN. Pregúntate cómo tu trabajo contribuye a algo significativo. «No es el poeta quien habla, sino Dios mismo a través de él». El entusiasmo se multiplica cuando sentimos que aquello que hacemos tiene un propósito superior —desde trabajar en una empresa que apuesta por la sostenibilidad hasta generar unos momentos de placer en el consumidor, mejor aún si es con un producto saludable—. Conecta tus acciones cotidianas con ideales elevados.

ARISTÓTELES. Fomenta el aprendizaje continuo. «Somos lo que hacemos repetidamente. La excelencia no es un acto, sino un hábito». El entusiasmo no es una emoción pasajera, sino el resultado de comprometerse con el crecimiento personal y profesional. El tener siempre un desafío estimulante nos empuja a caminar y a disfrutar del camino.

SÓCRATES. Haz y hazte preguntas. La mayéutica —arte de preguntar— no solo era una forma excepcional de aprendizaje, sino que despertaba en sus discípulos el entusiasmo que estalla cuando alcanzamos el conocimiento por nosotros mismos. Fomenta tu curiosidad y pensamiento crítico y potenciarás tanto tu motivación intrínseca como la de tu equipo.

MARCO AURELIO. Sé disciplinado. «Por la mañana, cuando te levantes sin ganas, ten presente este pensamiento: Me levanto para realizar la labor de un ser humano». La motivación no siempre viene de la emoción, sino del sentido del deber y la autodisciplina. El entusiasmo es compromiso y virtud.

EPICTETO. Acepta tus circunstancias y céntrate en tu progreso personal. «No busques que los acontecimientos sucedan como tú quieres; desea que sucedan como suceden, y serás feliz». A esto habría que añadir: serás feliz porque te sentirás libre y podrás actuar sin bloqueos para mejorar tu situación.

OVIDIO. Persevera. «La gota de agua perfora la roca no por su fuerza, sino por su constancia». El entusiasmo no solo se cultiva con grandes momentos de inspiración, sino con pequeños avances diarios. Se sostiene con tenacidad.

QUÉ DICE LA NEUROCIENCIA

Más adelante, cuando empieces a practicar las rutinas del decálogo que compartiré en la tercera parte de este libro, reconocerás entre líneas los anteriores remedios. Al final, la época clásica fue un período casi milagroso en el que se alcanzaron cotas inimaginables de conocimiento. Pero los seres humanos seguimos empeñados en entender el funcionamiento del mundo, bien sea el espacio exterior o nuestro universo interior, en concreto este cerebro tan fascinante que a veces nos amarga la vida; y ahí están los últimos avances en neurociencia, que relacionan directamente la actitud de entusiasmo con una buena salud mental.

El doctor Andrew Huberman, profesor en la Universidad de Stanford, declara que vivir con entusiasmo potencia capacidades cognitivas que nos ayudan a enfrentar situaciones complejas. Según sus estudios, favorece la neuroplasticidad, genera nuevas conexiones neuronales y multiplica nuestra capacidad de adaptación, una habilidad clave para salir adelante en este mundo cambiante.

—Cultivar el entusiasmo —afirma— tiene efectos profundos y duraderos en el cerebro y, así, en nuestro comportamiento.

Resalto esta frase porque me encanta la palabra «duraderos», que también utiliza la psicóloga Barbara L. Fredrickson cuando afirma de manera rotunda que el entusiasmo, además de aumentar nuestro abanico de pensamientos y acciones, hace que desarrollemos una serie de recursos duraderos que nos servirán para enfrentar los retos del futuro. Así de rotunda se expresa esta investigadora, cuyos trabajos prueban el gran impacto de las emociones positivas en nuestro bienestar.

La ciencia del siglo XXI confirma lo que ya decía Aristóteles en el siglo IV a. C.: el entusiasmo no es una emoción pasajera, sino una actitud sostenida que, entrenada cada día, influye en todos los aspectos de nuestra existencia.

Pero dos mil quinientos años después, ahora también podemos asomarnos al interior de nuestra cabeza como si se tratara de un bellísimo ingenio —como se denominaba de antiguo a los artificios mecánicos— y observar en tiempo real cómo se genera la energía del éxito.

Todo comienza con un estímulo que capta tu atención. Imagina que no sueles leer demasiado, pero una noche abres una novela que te han regalado y, por alguna razón, el primer capítulo te atrapa y te dan las dos de la mañana: «¿Cómo puede escribir así esta mujer, con lo joven que es?», te preguntas mientras observas su foto en la solapa del libro.

En ese momento, la amígdala —una estructura cerebral crucial en la regulación de las emociones, especialmente el miedo— valora si el estímulo es una amenaza o si trae consigo algo positivo. Y, si lo interpreta como gratificante, se activa tu sistema de recompensa y el área tegmental ventral —una región del cerebro medio— libera dopamina, el neurotransmisor que nos impulsa a buscar aquello que nos da placer. «¡Hacía tiempo que no sentía tanta paz!», piensas, mientras dejas que esa historia te evada de tus problemas.

Lejos de terminar ahí su trabajo, la máquina sigue operando. El llamado núcleo accumbens, que actúa como puente entre el deseo y la acción, recibe la dopamina y te empuja a repetir la experiencia para estirar la sensación placentera y motivadora. «¡A leer cada noche antes de dormir!». Y, mientras tanto, la emoción positiva generada por el sistema de recompensa se conecta con otras áreas, como la corteza prefrontal, que te ayudan a tomar decisiones enfocadas a tu meta. Una meta que puede parecer fácil, pero que, como todas, te pide desprenderte de viejas rutinas —como mirar las redes de forma compulsiva— e integrar otras nuevas —como acostarte antes—.

Es entonces cuando empiezas a caminar por el sendero recién abierto, reiniciando a cada paso estos y otros procesos cerebrales, y tu bienestar y motivación, como bolas de nieve maravillosas, ruedan y crecen, y te arrastran hasta otra dimensión en la que todo es posible. Incluso el plantearte si tú también podrías escribir algo así. Ese día, venciendo el rubor, echas un vistazo al folleto del club de lectura de la librería del barrio; y a ese curso de escritura creativa del que te hablaron en la biblioteca, adonde ahora te gusta ir de vez en cuando para sentarte en una sala silenciosa donde caben todas las historias.

Es como enamorarte. De hecho, los sistemas neurológicos que activas son casi idénticos. Entusiasmarse es enamorarse de una idea, de un proyecto… o, como yo te propongo, del hecho mismo de vivir. De ahí la euforia, la energía, el foco, el salir de la inercia, la expansión emocional que amplía tus límites físicos, mentales y sociales.

Terminando con el ejemplo, llega un momento en el que te forjas un propósito superior: «¡No puedo vivir sin la magia de los libros, yo también quiero escribir y hacer que otros sientan este gozo!». Una declaración tan profunda que podría parecer inspirada por el más allá—como diría Platón—, pero que se debe en buena parte a que somos química.

De hecho, aparte de la dopamina, hay otras hormonas y neurotransmisores que nos ayudan a mantener encendida la llama. La buena noticia es que los generarás de forma automática cuando practiques las rutinas del decálogo de este manual.

Solo a modo de ejemplo, como un tráiler para ir abriendo boca: cuando haces ejercicio físico —sobre todo al aire libre— liberas serotonina, que te ayuda a sostener una actitud positiva equilibrada; cuando ríes liberas endorfinas, un analgésico natural que genera sensación de euforia; cuando te sometes a nuevos desafíos liberas noradrenalina, que te aporta una carga extra de atención y energía; cuando te relacionas con personas que comparten tus intereses liberas oxitocina, que aumenta tu empatía y reduce tu estrés...

Lo que realmente te ayuda a mantener la actitud de entusiasmo contra viento y marea es un cóctel de todas ellas. Y si bien es importante conocer la receta, también lo es tomar conciencia de que cada ingrediente —cada rutina del entrenamiento—, por insignificante que parezca, es fundamental para alcanzar el resultado.

La grandeza de los microhábitos

Los seres humanos tendemos a pensar: «Como no puedo cambiar lo grande, ¿para qué voy a molestarme en cambiar lo pequeño, si no va a servir de nada? Guerras, pandemias, cambio climático... ¿Qué voy a conseguir yo?». No nos damos cuenta de los grandes resultados que podemos alcanzar introduciendo en nuestra vida cambios casi imperceptibles.

El sociólogo Daniel F. Chambliss, tras pasar años analizando el comportamiento de los nadadores de élite, demostró que los cambios cuantitativos —esto es, hacer más de lo mismo— no son suficientes para alcanzar la excelencia. Por muchas horas que entrenes, llegado un punto no consigues mejoras significativas. ¿Cuál es entonces el secreto de los elegidos? Una sucesión de pequeños cambios cualitativos. Para subir al podio has de trabajar aspectos concretos de forma diferente a como lo hacías antes, de forma diferente a como lo hacen los demás.

Hace poco impartí una conferencia en Tijuana (México) junto a Mariel Hawley, nadadora de aguas abiertas que ha superado el reto Siete Mares. Es sobrecogedor ver sus fotos atravesando a brazadas el canal de la Mancha y escucharle:

—Llevo más de nueve horas nadando y tengo frío. Los hombros me pesan. Desde hace tres horas trago agua cada vez que giro la cabeza para respirar, la lengua se me ha hinchado a causa de la sal, que también se filtra por las gafas y hace que me ardan los ojos. Para mantener la mente tranquila repito una frase durante todo el nado: «Inhalo, tengo fe; exhalo, estoy en paz».

Traigo a Mariel a colación porque, según me contó mientras cenábamos una ensalada César en el local donde se inventó —hasta entonces no sabía que había sido en Tijuana—, vive con la vista puesta en su siguiente récord, pero al mismo tiempo se forja pequeños objetivos alcanzables en el día a día: este mes mejoraré la posición con la que entro en el agua; al siguiente, intentaré relajar este músculo concreto... A veces son cambios aparentemente inapreciables, pero combinados con los demás que lleva a cabo, lo cambian todo.

Por eso soy muy fan de los microhábitos, un sistema de mejora progresiva que se ha convertido en la base de mis formaciones de liderazgo. Como su nombre indica, son rutinas pequeñas y de gran simplicidad que no nos piden mucho a cambio —ni tiempo, ni esfuerzo ni motivación—, pero que, repetidas de forma consciente y sistemática, nos acercan a nuestras metas.

Y nunca olvides lo que dejó escrito el sabio Lao Tse: «Todo gran viaje comienza con un primer paso». O lo que es lo mismo: no te quedes mirando y pensando en lo fáciles que son las rutinas que te propondré.

Lo que tienes que hacer es echar a andar en el momento que termines este libro... o incluso antes. A medida que vayas cerrando capítulos, comprométete a incorporar aquellos microhábitos que puedas practicar de inmediato.

El entusiasmo se entrena;
y, como todo entrenamiento, requiere práctica y disciplina.

Me encanta la historia de Jascha Heifetz, considerado uno de los mejores violinistas que han existido. Este niño prodigio ruso de principio del siglo XX ensayaba sin descanso para mantener su nivel en cada actuación y solía decir que, si no practicaba un día, solo él lo sabía; si fallaba dos días, los críticos se daban cuenta; y si fallaba tres días, también lo notaba el público.

¿Qué significa esto? Que incluso alguien con un talento extraordinario como Heifetz dependía del hábito constante para no bajar de nivel.

Quizá hayas estado alguna vez en la Feria del Libro de Madrid, un evento que se celebra cada año en el parque de El Retiro. Se levantan infinidad de casetas en las que, siguiendo una agenda milimetrada, los autores nos sentamos para dedicar ejemplares a quienes —si tienes suerte— hacen fila esperando el momento de conocerte y charlar unos minutos. Cuento esto porque, allá por el 2018, me encontraba firmando cuando le llegó el turno a una mujer que me dijo:

—Tus novelas me encantan, pero esos libros de autoayuda que escribes no sirven para nada.

De primeras, me quedé perplejo, pero, tras respirar hondo, le di las gracias no solo por leerme, sino también por tener el coraje de acercarse a compartir conmigo sus sensaciones. Ella hizo entonces un ademán de irse, pero la retuve un poco más:

—¿Me deja que le pregunte solo una cosa? ¿Podría decirme cuántas de las propuestas que hago en esos libros ha puesto usted en práctica?

Y ella contestó:

—A ver, en práctica, lo que se dice en práctica... ninguna.

—¡Usted lo que quiere —seguí, mientras reíamos los dos— es un libro que se publicó en 1972 por un tal Thaddeus Golas que se llamaba *Manual de iluminación para holgazanes*!

Si te interesa, quizá puedas encontrarlo, pero entiendo que si estás leyendo estas páginas sabrás que todo lo que merece la pena suele costar trabajo. Y lo bueno de potenciar el entusiasmo es que merece mucho la pena y cuesta muy poco trabajo... pero hay que poner rutinas en práctica en el día a día.

No queda otra ni sirven las excusas. «Es que cierro trimestre / Es que me siento un poco raro por el catarro / Es que es el cumpleaños de mi cuñada y tengo mucho lío con lo del concurso de paellas... Mejor espero al momento propicio». ¡No! El momento propicio no existe. Solo existe el ahora, que es cuando tienes que entrenar.

Mide el tiempo en ahoras

Me gusta decir que tenemos que dejar de medir el tiempo en horas y empezar a medirlo en ahoras.

Y en este mismísimo ahora es cuando te echas las manos a la cabeza y piensas: «¡Dónde me he metido!».

No temas.

Te estoy pidiendo compromiso, pero a cambio te prometo dos cosas: primero, te robaré poco tiempo; y segundo, te lo vas a pasar genial. Todas las propuestas de este entrenamiento son rutinas saludables y divertidas que, como ya te he dicho, más que «tener» que hacer, pronto «querrás» hacer.

Y si, aun así, la incorporación de microhábitos se te hace cuesta arriba, grábate a fuego dos preciosas recomendaciones del consultor James Clear que siempre tengo presentes cuando inicio un proyecto:

— Deja de pensar en la meta y concéntrate en el sistema. Has de tener claro adónde te diriges: «quiero prender y mantener encendido mi entusiasmo». Pero una vez fijado el destino, dedica toda tu atención al momento presente, a cada paso, a cada microhábito que vayas introduciendo.
— No te enfoques en lo que quieres lograr, sino en quién quieres ser. Cada microhábito es un paso firme hacia la persona en la que deseas convertirte. Somos proyectos maravillosamente inacabados y en tu mano está cincelar tu identidad. La verdadera meta no es el entusiasmo, eres tú.

Acerca de la motivación

Cuando acudo a una organización para impartir una conferencia, a menudo me piden que aproveche para motivar al equipo. A todos nos viene bien un empujón extra en períodos complejos y las palabras tienen una fuerza extraordinaria. Pero aún más efectivo que soltar un buen *speech*, es explicar cómo funciona la motivación. Así, una vez que termina la charla, cada uno puede accionar sus palancas.

Para empezar, quede claro que la motivación y el entusiasmo son dos conceptos íntimamente conectados, pero no son lo mismo.

La motivación es un impulsor de nuestras acciones. El diccionario la describe como un proceso que nos mueve —etimológicamente, motivación viene de movimiento— a comportarnos de una forma determinada para satisfacer una necesidad o alcanzar un objetivo. Y el entusiasmo va más allá. Recuerda que esta actitud influye no solo en cómo trabajamos, sino también en cómo interpretamos el mundo y nos relacionamos con los demás, llegando a transformar nuestra vida y hacer que la disfrutemos con mayor intensidad.

> El entusiasmo es una actitud.
> La motivación es uno de sus maravillosos efectos.

Yo vivo en estado casi permanente de entusiasmo. Ese «casi» es parte del encanto porque me recuerda la necesidad de seguir trabajando y, paradójicamente, me hace estar en calma. Ya he dicho que todos pasamos por períodos de desencanto; y, en cualquier caso, la perfección no existe, por lo que no conviene obsesionarse con ella.

Cuando me documentaba en Kioto para mi tercera novela, un monje me explicó que, al limpiar el patio del templo, siempre dejaba una hoja sin barrer. Así evitaba la ansiedad que le provocaba la posibilidad de que el viento hiciera caer alguna.

Para lograr este estado «casi» permanente, entreno cada día: tengo presente mi propósito, cuido lo que introduzco en la mente y en el cuerpo, intento relacionarme con personas inspiradoras, busco alternativas para salir de la zona de confort, practico la gratitud para no caer en la frustración por lo que me falta, observo el mundo con ojos de niño… Gracias a estas y otras rutinas que compartiré en el decálogo, cuando me siento a escribir, la motivación ya me está esperando. Entro de forma «casi» inmediata en un estado de atención y desafío progresivo llamado *flow* que te explicaré en los siguientes apartados.

Y cuando un día pincho —que también me pasa—, al menos me doy cuenta enseguida y tengo la oportunidad de analizar lo que ocurre y corregir… O directamente parar y no hacer nada porque la mente me está lanzando el mensaje de «ojo, sin pasarse» y necesito vaciar para volver a llenar.

Pero todo empieza por conocer los diferentes tipos de motivación que existen.

La más potente, de dentro afuera

La clasificación más habitual diferencia entre dos tipos de motivación:

1. Extrínseca, que procede de fuentes externas a modo de recompensa: el sueldo que recibo a fin de mes, el reconocimiento social, las opiniones ajenas…

2. Intrínseca, que viene de dentro: el deseo de adquirir conocimiento, incrementar mi bienestar, superarme a mí mismo…

Para diferenciarlas me gusta poner de ejemplo a Hayao Miyazaki, director de animación japonés y cofundador del Studio Ghibli, del cual han salido clásicos como *El viaje de Chihiro* o *La princesa Mononoke*. Miyazaki nunca ha trabajado por fama o por dinero —reniega de las entrevistas y no tiene un minuto para gastar sus millones—. Su motivación para dibujar hasta doce horas diarias es satisfacer una pulsión interior: sabe que tiene un talento especial que le permite crear universos a partir de la nada, y quiere estar a la altura. De hecho, aunque se ha retirado varias veces —en 1998, 2001 y 2013—, siempre regresa. Como él mismo explica:

—Necesito que mis ideas tomen forma antes de que se desvanezcan.

Pero si este «joven» octogenario me parece tan inspirador es porque, como cuentan sus colaboradores, es capaz de pasarse días enteros debatiendo acerca de cómo ha de sonar el viento en una escena o cómo se mueve una hoja al caer. Es ahí, y no en la épica que lleva aparejada el contar grandes historias, donde está la verdadera fuente de su motivación: en la emoción que le provoca cada detalle de sus delicados mundos.

En nuestro día a día, para ponernos en marcha solemos combinar un poco de ambos tipos, y no hay una receta que sirva para todo el mundo. Si te apuntas al equipo de fútbol del barrio, comprobarás que hay quien entrena para bajar barriga, mientras que otros lo hacen para impresionar a su pareja; o porque durante un rato se olvidan de los problemas del trabajo; o porque realmente les haría ilusión ganar el campeonato local. Esto último, a su vez, podrá deberse a dos palancas bien distintas: ganar para ser popular o ganar para inspirar a los chavales de la zona y animarlos a cambiar el móvil y el botellón por la pelota.

Con este último ejemplo descubrimos un tercer tipo de motivación: la trascendente.

Esta es la motivación superior asociada al propósito que nos empuja a realizar a la perfección una tarea por el impacto positivo que va a generar en terceras personas. Y no hablo solo de trabajar en una ONG.

Un domingo salí a comprar un pollo asado. Vivo en el centro de Madrid y de vez en cuando me doy un paseo hasta una sidrería centenaria en la que sirven para llevar. Estaba llenísima, los camareros no daban abasto y había gente esperando mesa por todos los rincones, porque fuera estaba lloviendo. Así que plegué el paraguas y me abrí paso como pude hasta el habitáculo del horno. Cuando logré asomarme le pregunté al encargado si tenía uno tostadito y añadí:

—Ya sabes, como a mí me gustan.

Sin embargo, mientras lo decía, me di cuenta de que no era la persona que me había atendido otras veces y temí que pensase que le estaba tomando el pelo. De hecho, me lo imaginaba contestando: «¡*Quemao* te lo voy a dar, como *quemao* me tenéis a mí, que es el segundo domingo que me toca trabajar y solo quiero perderos de vista!». Pero, en lugar de eso, puso aire contento, se dedicó a buscar uno de piel crujiente que me mostró como si fuera un tesoro y exclamó:

—¡Mira qué preciosidad, lo he estado dorando toda la mañana especialmente para ti!

Y cuando le dije que lo veía muy animado, añadió:

—¿Qué puede haber mejor que hacer felices a los clientes que venís hasta aquí pisando charcos?

Guau... Los otros camareros, contagiados por la sonrisa que regalaba al mundo, se detenían a hacer bromas a pesar de tener el local a reventar. Y yo regresé a casa más alegre que el protagonista de *Cantando bajo la lluvia* y, en cuanto terminé el pollo, ya me apetecía volver a comprarle otro.

Este hombre se esfuerza en mantener una actitud entusiasta en un día lluvioso porque sabe que así genera un ambiente de trabajo excepcional, a pesar de trabajar en un lugar donde es fácil crisparse por el agobio; y, además, porque multiplica la experiencia positiva de un cliente que, gracias a ello, siempre termina regresando. Consecuencia: está motivadísimo para trabajar y no solo por el sueldo, sino porque realmente quiere hacer bien su labor por el impacto que provoca.

Como ejercicio de autoconocimiento, te propongo que cuando vayas a ponerte con algo —sea trabajo o afición— te preguntes de dónde procede la motivación que te empuja. Además de planteártelo desde la tríada extrínseca – intrínseca – trascendente, puedes preguntarte si surge del ego o de la propia tarea.

En el caso del ego, tu palanca podrá ser que todos sigan pensando que eres el más capaz del departamento, que te jaleen en la cervecería o encabezar un *ranking*. Y si proviene de la tarea en sí misma, quizá te mueva el pulir la técnica o idear una forma más efectiva de realizarla. Cuando estudias, puedes hacerlo para aprobar e impresionar a tus compañeros o porque te interesa el tema. Cuando aprendes inglés, puedes hacerlo para estar mejor preparado en una futura oferta de trabajo o porque te fascina saber cómo piensa la gente en otros idiomas y quieres conectar con ellos.

La motivación que surge de querer desarrollar bien la tarea —y no de satisfacer tu ego— es la que suele disparar a los deportistas de élite, a los que la medalla les preocupa mucho menos de lo que crees. Pero una vez más, seamos o no atletas, lo que suele ponernos en marcha a los seres humanos es un combinado… en el que también tienen algo que decir nuestros valores.

Tus valores también empujan

Arianna Huffington fue durante décadas el arquetipo del éxito americano: cofundadora de *The Huffington Post*, autora de quince libros, analista política, empresaria habitual de Davos y de las listas de Forbes… Lo tenía todo, menos paz.

Su agenda imposible apenas le permitía dormir tres o cuatro horas al día. Volaba de aquí para allá dando conferencias y liderando distintas redacciones. Trabajaba hasta desmayarse… literalmente. En 2007, tras semanas de agotamiento, sufrió un desvanecimiento en su oficina, se golpeó la cabeza contra su escritorio y despertó en el suelo sobre un charco de sangre. Su médico le dijo:

—No hay nada físicamente grave, pero tampoco queda nada emocionalmente entero.

Mientras se recuperaba, se hizo un par de preguntas mágicas: «¿Cuál es mi vara de medir el éxito? Y ¿qué me empuja a romperme por dentro y por fuera para alcanzarlo?». Se percató de que había construido su vida en torno a algunos valores como el rendimiento, la visibilidad o el poder. Y aunque se había salido de la tabla en todos ellos, tenía —valga la licencia poética— un agujero en forma de dios en el pecho. Para repararlo no bastaba con cambiar de agenda, ni buscarse una legión de asistentes ultra competentes sobre los que delegar más asuntos. Su quiebra física y existencial le pedía un cambio de brújula.

Arianna se dio cuenta de que el aparente entusiasmo que desprendía por su trabajo en realidad era una compulsión incontrolable —técnicamente sería una adicción, como explica el psicólogo Gabor Maté en *La sabiduría del trauma*—. Y no solo se propuso dormir más. Comenzó a meditar, a caminar sin móvil, a cultivarse en filosofía. Aprendió a decir no a oportunidades de prosperidad que le robaban la salud.

En 2016, dejó su imperio mediático y fundó Thrive Global, una plataforma dedicada a promover el bienestar, el descanso, la atención plena y la reconexión interior.

Como recordó en una entrevista en *Vogue Spain* el 6 de junio de 2019, no es necesario desgastarnos personalmente para tener éxito. La ciencia ha probado que cuando priorizamos nuestro bienestar, la productividad y la creatividad crecen de forma exponencial. Y esta es la tarea que llevan a cabo desde Thrive, ayudar a las personas a reconquistar sus vidas para vivirlas plenamente, no solo para sobrevivir.

Me encantan estas declaraciones suyas porque están totalmente alineadas con el trabajo que desempeñamos en el posgrado Chief Happiness Officer que tengo la fortuna de dirigir en UNIR Universidad. Pero las transcribo para remarcar que la actual motivación de Arianna no proviene de sus logros, sino de su propósito superior: enseñar a otros a no romperse como ella, crear un nuevo paradigma. Sus valores han mutado, lo que ha hecho que su motivación también mute de extrínseca a intrínseca y, más allá, a trascendente.

Descubre cómo eres según lo que te motiva

El psicólogo estadounidense Steven Reiss, tras estudiar a miles de personas, plasmó en su obra *¿Quién soy?* los dieciséis deseos básicos que motivan nuestras acciones y definen nuestra personalidad. Te reto a que descubras quién eres identificando las palancas que para ti son más importantes:

1. Aceptación: deseo sentirme aprobado.
2. Curiosidad: deseo pensar y aprender.
3. Comer: deseo alimentarme.
4. Familia: deseo tener descendencia.
5. Honor: deseo ser leal a los valores del grupo.
6. Idealismo: deseo buscar justicia social.
7. Independencia: deseo asegurar mi individualidad.
8. Orden: deseo tener un entorno predecible y estable.
9. Actividad física: deseo hacer ejercicio.
10. Poder: deseo influenciar a los demás.
11. Amor romántico: deseo sexo y belleza.
12. Ahorrar: deseo guardar o acumular.
13. Contacto social: deseo tener amigos.
14. Estatus: deseo ser socialmente significativo.
15. Tranquilidad: deseo sentirme seguro.
16. Venganza: deseo obtener un desquite.

El estado de *flow*

Si echas un vistazo a las teorías sobre la motivación que han pasado a la historia, el primer nombre que aparece en los buscadores es Maslow. Este investigador explica cómo las personas tenemos una serie de necesidades que vamos satisfaciendo por orden jerárquico: fisiológicas —comida, bebida, descanso—, seguridad —empleo, familia—, afiliación —relaciones sociales, amor o pertenencia—, reconocimiento —confianza, respeto, éxito— y finalmente autorrealización.

Otras clasificaciones se centran en si nuestro motor es perseguir lo positivo —estudiar para sacar buena nota y prepararme para el futuro— o evitar lo negativo —estudiar para no ser castigado—. Personalmente, no soy nada fan de esta última palanca porque nos convierte en personas pasivas.

Pero si tuviera que quedarme con una única tesis sobre la motivación, porque la tengo presente cada día, sería la del estado de *flow* —flujo— del psicólogo húngaro-estadounidense de nombre impronunciable Mihály Csíkszentmihályi.

Para explicarla, permíteme que me sirva de una historia del gran Rafa Nadal.

En una charla que me llevó a Mallorca, pregunté a un miembro de su equipo cuál era el partido que marcó un antes y un después en su carrera. Sin dudarlo, puso sobre la mesa la final del Roland Garros de 2008.

Roger Federer, entonces número uno del mundo, estaba en su punto álgido. Enfrente tenía a un joven Rafa con melena de la *Ilíada*. Resultado: un arrollador 6-1, 6-4, 6-0 a favor del español, que ganó su cuarto torneo consecutivo en París sin ceder un solo set. ¿El secreto? Entre otras virtudes, un golpe llamado *topspin* que desesperaba al suizo.

Gracias a este efecto, la pelota gira rápidamente hacia adelante mientras avanza; así, cuando toca el suelo, rebota más alto y con mayor aceleración, lo que dificulta el control del rival. En el caso de Rafa, su *topspin* de derecha con la mano izquierda era uno de los más efectivos en la historia del tenis, llegando a alcanzar cinco mil revoluciones por minuto, casi el doble que el de otros profesionales.

Lo lograba por el tipo de agarre, el movimiento de brazo y muñeca —si has visto algún partido suyo, recordarás que solía finalizar con la raqueta no sobre el hombro, sino por encima de la cabeza o en el lado opuesto del cuerpo— y la aceleración que imprimía desde las piernas y la zona abdominal. Sabiendo esto, lo primero que piensas es «qué máquina, cómo ha tenido que entrenar». Pero lo importante es que no se limitó a hacer mejor lo de siempre, sino que se lanzó a hacer lo que nadie hacía. Desde niño, fue diseñando a medida ese *topspin* con la zurda que resultaba tan incómodo para sus rivales.

¿Sabes cómo alcanzó esta meta tan difícil, para la que además tenía que trabajar de forma contraintuitiva? Gracias a su habilidad para entrar en *flow*, este estado de motivación intrínseca que se abre con dos llaves:

1. Atención enfocada en mejorar un aspecto concreto de ti.
2. Equilibrio entre tus habilidades y el desafío que te has forjado.

Cuando nos enfrentamos a una tarea demasiado fácil, nos aburrimos y la motivación no llega a surgir; y si esta es demasiado difícil, nos estresa y frustra y la motivación desaparece. Esto quiere decir que, para mantenerte motivado, has de buscar el equilibrio entre ambas: hacer algo que no dominas, pero que tampoco es tan complicado como para que te sientas un incapaz.

Para generar el estado de *flow* no te hace falta entrenar en la pista central de Roland Garros. De hecho, conviene llevarlo a las acciones más cotidianas, con las que educamos al cerebro.

Imagina que estás en casa y tienes hambre.

Opción 1: abres una bolsa de patatas fritas y la engulles sin darte cuenta. Con ello generas una estimulación externa y superficial que enseguida se desvanece, dando lugar a una sensación de vacío e insatisfacción aún mayor. Al momento estás peor que antes, con la tripa llena y más ansiedad.

Opción 2: preparas un simple bocadillo, pero lo haces centrándote de forma consciente y atenta en el objetivo. Tuestas un poco el pan, lo untas de tomate, añades un chorrito de aceite de arbequina, extiendes con cuidado las lonchas de jamón para que estén bien repartidas y sobresalgan lo justo, montas una gilda casera para abrir boca, lo colocas todo en un plato, con una pequeña servilleta bien doblada para no echar mano del trapo de cocina... Esta atención genera una estimulación interna más profunda que se extiende hasta mucho después de terminar la tarea. Y, por supuesto, que exige un esfuerzo mayor —como todo aquello que merece la pena en la vida—, pero es mucho más saludable, gratificante y efectiva.

Genera *flow* en tu trabajo

Para aterrizar este concepto en tu trabajo, te propongo unos *tips* tan sencillos que no encontrarás excusas para no llevarlos a la práctica.

Para enfocar tu atención, haz algo tan básico y necesario como evitar distracciones e interrupciones. Y no me refiero solo a que quites ahora mismo toda notificación con sonidos del móvil —ahora mismísimo, salvo que quieras que tu agenda se rija por lo urgente, que suele ser lo importante de los demás—. Si tienes que gestionar varios asuntos, intenta bloquear momentos del día para enfocarte en una sola cosa.

Para mantener el equilibrio entre habilidad y desafío, si ya eres bueno en algo, ve agregando de forma proactiva pizcas de complejidad o responsabilidad. Pasar el día vanagloriándote por lo bien que haces las cosas es comida basura para tu ego; resulta mucho más saludable expandir sucesivamente tu zona de confort —que no es necesariamente confortable, sino solo conocida—. Para que sea efectivo, establece metas realistas, ya que tener un objetivo bien definido te ayudará a medir tus desafíos y progresos. Y, para reforzar el compromiso, plantéate retos conjuntos con personas que están justo por encima de tu nivel, ya que esto te empujará a esforzarte.

Un último *tip*, recuperando el concepto del anclaje —en este caso, uno del modelo Pepito Grillo—: apunta en un pósit todo lo que te estás perdiendo por no entrar en *flow* y pégalo en un extremo de tu mesa. Así tendrás siempre presentes los beneficios acreditados de esta frecuencia de trabajo:

— La sensación de bienestar. Al fundirte con la tarea, desapareces tú mismo y, en consecuencia, te liberas de la autocrítica. ¡Imagina qué cantidad de piedras sacas de la mochila!
— No te esclavizan las creencias limitantes, por lo que despliegas más creatividad. ¡A lo loco!
— Pierdes la noción del tiempo... en el mejor sentido. Te sumerges de tal forma en la tarea que no hay pasado ni futuro, solo existe el ahora, por lo que aprovechas cada minuto con atención plena.
— Te desapegas del resultado. Al entrar en *flow*, no es que te olvides de tu objetivo, pero te concentras en el proceso. No te azota la ansiedad del ¿y si no soy capaz?
— Generas energía. En lugar de fatigarte física y mentalmente, los procesos químicos que induces hacen que salgas renovado.

¿Todavía dudas de si vale la pena?

En ese caso pregúntale a Rafa, nuestro icono, no solo de la superación, sino también de la motivación sostenida. Siempre que entraba a un partido lo hacía como si fuera una final de Grand Slam, incluso si se trataba de la primera ronda contra un rival muy inferior. ¡Lo hacía hasta en los entrenamientos rutinarios!

Suele decir que lo da todo desde el primer momento por una cuestión de respeto hacia el tenis y también porque si se relaja hoy, no sabe si mañana podrá activarse.

Maravilla de frase. Es lo que su tío y entrenador Toni Nadal denomina «capacidad de hacer épico lo cotidiano». A diferencia de otros deportistas que solo se motivan cuando hay público o están frente a un reto importante, la energía de Rafa fluía constante de dentro afuera.

—No juego contra el rival, sino contra mí mismo —decía.

Ahí está la clave.

Los vampiros del entusiasmo

Los seres humanos venimos al mundo entusiasmados, y no es para menos. Piensa en la cantidad de circunstancias que han tenido que darse para que cada uno de nosotros estemos aquí: planetas creados y extinguidos, pasiones en períodos de guerra y paz, tal vez una mirada furtiva en un bar. Y fíjate también en la cantidad de oportunidades de entusiasmarnos que nos regala el instante cuando prestamos atención, bien estemos trabajando, amando o paseando entre muros de cemento de los que brota, heroica, una brizna de hierba.

El problema es que el entorno se empeña en apagarnos el fuego interior. Una mirada seria de un compañero nos apaga, una mala noticia nos apaga, la incertidumbre nos apaga, una discusión familiar nos apaga… Y por si no fueran suficientes las agresiones externas, también somos unos expertos en el autosabotaje.

Hablo de los tres vampiros del entusiasmo que ya anuncié en la introducción: la queja, el caos interior y el miedo.

Gracias a la cultura popular, toda la vida ha habido vampiros rondando por ahí. En países como Hungría, Rumanía o Bulgaria se hicieron especialmente populares. Por lo visto, a quienes fallecían en esa zona del mapa de forma irregular —suicidios, asesinatos o presas de una maldición— les daba por salir de la tumba, pálidos y hambrientos, y dedicarse a chupar sangre.

Esto es, a chupar energía vital.

Si te sientes sin energía, puede que no sea solo porque te han metido en el grupo de WhatsApp de padres del colegio. Tal vez tengas a uno de estos vampiros de inquilino. Y es que los que nos roban el entusiasmo no viven en apartados castillos o mansiones. Tampoco temen al ajo, a los crucifijos o al sol —te aseguro que se lanzan a tu cuello sin problemas en pleno día—. Pero sí que tienen algo en común con los de siempre: han de ser exterminados.

En los tres apartados siguientes incluiré cuadros prácticos con estacas antivampiros. Pero antes de clavárselas en el corazón, vamos a conocer las razones por las que se han ganado morir así.

No te quejes

Acuérdate de ese hombre que va al médico y, mientras se toca diferentes partes del cuerpo, dice:

—Doctor, me duele aquí, y aquí, y aquí… ¿Qué tengo?

Y el médico contesta:

—El dedo roto.

Con las quejas ocurre lo mismo. Si pasas el día quejándote de todo lo que te rodea, lo más probable es que haya algo roto en ti que nada tiene que ver con los supuestos problemas.

La queja constante te chupa la energía. No solo la tuya, también la de quienes te rodean. Para más inri, el quejica siempre te dirá que tiene un motivo… y sin duda será así. Él o ella puede que no lo sepa, pero seguramente se deba a que se pasa de exigente, a que no tiene empatía —ni se pone en el lugar del otro, ni trata de entenderlo—, a que ve demasiadas tertulias políticas en televisión o a que ni siquiera se da cuenta de que se queja.

Esto último es muy habitual. Hay personas tan instaladas en la frecuencia de la queja que, cuando les sugieres que dejen de hacerlo, exclaman:

—¡Yo solo digo las cosas tal y como son!

Y es posible que no mientan, que efectivamente las cosas sean así de trágicas… para ellos. «El mundo no es como es, sino como somos», dice el Talmud. Y, si estas personas se focalizan constantemente en lo negativo, incluso en el amanecer más bello solo se fijarán en la pequeña nube que se forma en un extremo.

Es urgente aprender a reinterpretar nuestra realidad, lo cual no quiere decir ponernos unas gafas de carnaval a través de las cuales veamos una fiesta permanente. Me refiero a contemplar la escena completa, sin los sesgos que genera una actitud negativa. Será una escena que seguro tendrá sus problemas, pero también algunas cosas buenas que debemos agradecer y celebrar.

Además de prestar atención a lo que dices, también has de cuidar la forma en la que te expresas. Me viene a la cabeza el Pitufo Gruñón, como llamaban algunos —sin que él lo supiera— a un fiscal con el que me crucé en mi antigua vida de abogado. Cuando le preguntaban por qué estaba siempre enfadado con el mundo, replicaba con voz de ogro:

—¡No estoy enfadado, es mi forma de hablar!

De nuevo, algo falla.

Quejarse es como frotar una herida: no la cura, solo la mantiene abierta.

¿Recuerdas al modisto Karl Lagerfeld, con su pelo blanco y sus eternas gafas negras? Podía estar batiendo récords en Chanel, pero cuentan que se quejaba de todo, hasta de los demás quejicas:

—Odio a la gente que dice «esto no me gusta» sin argumentar por qué. ¡Si vas a quejarte, al menos hazlo con estilo!

A él, lo que se dice estilo, no le faltaba. Lo imagino saliendo de su taller un día soleado y gritando:

—¡El cielo azul me aburre! ¡Dadme un cielo gris, elegante, como París en invierno!

Salvo que seas capaz de hacer humor con la queja —como cuando el protagonista de *Annie Hall* dice que «la comida era horrible… ¡y las raciones muy pequeñas!»—, la próxima vez que vayas a quejarte de algo, recuerda que no hay nada más aburrido. Por eso las quejas son tan contagiosas como un bostezo, y por eso los demás te evitan cuando te pones quejica.

Estacas antiquejas

1. Haz muescas en la culata. Al igual que los vaqueros de las películas hacían una marca en su pistola por cada víctima, lleva la cuenta —en una libreta o en el móvil— de las veces en las que te quejas... y en las que, por lo tanto, aburres a alguien.

2. Observa tu tono de voz. Seguro que cuando cuentas lo que hiciste en la fiesta de cumpleaños de tu hijo utilizas un tono animado, sin duda muy diferente al cabreado, resentido o apagado del quejica. Si interiorizas esta forma disfuncional de hablar, podrás advertir la queja a tiempo; o al menos compensarla con una solución o comentario positivo.

3. Elimina los absolutos de tu diccionario. «Siempre» me ningunea; «todo» es un desastre; «nunca» hace lo que le pido... Concreta la acción al momento o situación que hayas vivido y verás cómo reduces tu necesidad de soltar un bufido.

4. Sé breve. Si quieres quejarte de algo que va objetivamente mal, al menos no te regodees. Apuesto a que puedes expresar lo que te hace sentir mal de forma calmada, sin hacer sangre. ¡Y sin repetirte! Con una vez que lo digas, es suficiente.

5. Descubre qué hay detrás de la queja. Identifica los temas sobre los que te quejas de forma recurrente y, cuando vayas a hacerlo de nuevo, párate a pensar por qué y para qué van a salir esas palabras de tu boca.

6. Observa cómo te quedas. Identifica la emoción que reside en ti cuando has soltado la queja. Quizá sea frustración, envidia, odio, impotencia... Lo más seguro es que quejarte no te haya hecho demasiado bien; y el autoconocimiento es una vía directa al crecimiento personal.

No te dejes llevar por el caos

Despierto por la mañana tras haber dormido ocho horas de un tirón, no me duele nada, desayuno con mi pareja que acaba de volver de yoga con un humor estupendo, los niños bajan alegres por la escalera del chalet mientras me lanzan besos y me muestran sus deberes terminados, cojo mi coche nuevo para ir al trabajo, no hay tráfico y aparco en la puerta, donde mis compañeros me esperan con una sonrisa y un café caliente, los proveedores han bajado sus precios, tengo veinte clientes nuevos esperando...

Me encantaría que el día a día de todos mis lectores fuera así, pero no suele pasar. El mundo es un caos que nos atiza constantemente y por todas partes. Basta con abrir tu buzón de *mail*: análisis médicos, cambios en las condiciones financieras del banco, otra vez la ITV, fallecimientos de gente cercana. No terminamos de entender lo que ocurre a nuestro alrededor, casi nunca podemos controlar los acontecimientos.

¿Es esto una tragedia? No, es nuestro estado natural.

Lo que sí es una tragedia es que el caos exterior te provoque ese otro caos interior que te desespera y te chupa toda tu energía.

Al salir del confinamiento duro en la pandemia, publiqué un libro llamado *Incertidumbre positiva*. Durante aquel año aciago, en la radio se hablaba de caos. En el patio de vecinos se hablaba de caos. Y por supuesto que era desastroso, pero no era algo nuevo. Lo malo pasa —incluidas glaciaciones y pestes negras—, pero de inmediato aparecen otros problemas. La locura del mundo que nos ha tocado vivir seguirá estando ahí por los siglos de los siglos. Esta locura es, ni más ni menos, nuestra «normalidad».

Recuerdo el día que a mi hermano, Miguel, le explicaron en el colegio cómo funcionaba el cuerpo humano, con todas esas desordenadas arterias, venas y órganos. Llegó a casa a la hora de comer, se asomó a la puerta de la cocina y sentenció:

—Estamos vivos de milagro.

¡Y tenía razón! Cualquier microuniverso en el que te fijes —un cuerpo humano, una empresa, un ordenador, una familia— es caótico, y la forma de que todo siga funcionando, aun cuando no podamos controlarlo todo, es no perder el control de nosotros mismos.

En términos de neurociencia, cuando te dejas llevar por el lío del mundo se te apaga el neocórtex, que es la parte del cerebro que te hace humano; se te apaga el sistema límbico, que es donde se cuecen las emociones; y solo queda en funcionamiento el tronco del encéfalo, lo cual significa que quedas reducido a mero instinto de supervivencia. Todo a tu alrededor se vuelve un peligro mortal. Te conviertes en un gorila dejándose la piel para preservar su especie. Y en el modo gorila no cabe el entusiasmo.

El entusiasmo solo cabe en un corazón en calma.

Tal vez estés pensando: «De acuerdo, pero ¿cómo consigo alcanzar ese estado de calma?».

Es obvio que hay patologías como el estrés crónico que deberán ser tratadas por un especialista. Pero en la segunda parte de este libro te explicaré cómo potenciar la atención plena para acallar los pensamientos que atestan nuestra mente y nos provocan muchas preocupaciones y ansiedades.

Entretanto, también puedes servirte de la llamada Escala de Estrés Percibido —PSS, por sus siglas en inglés (*Perceived Stress Scale*), creada en 1983 por Cohen, Kamarck y Mermelstein—, que te permite evaluar de forma muy sencilla tu nivel de estrés durante el último mes. Algunas de sus catorce preguntas son: ¿Con qué frecuencia he sentido que no podía afrontar todo lo que tenía que hacer? ¿Con qué frecuencia he manejado con éxito los pequeños problemas irritantes de la vida? ¿Con qué frecuencia he sentido que las cosas me van bien? ¿Con qué frecuencia me he enfadado porque las cosas estaban fuera de mi control?

Con solo pararte a pensar sobre cada ítem de la escala, ya dispondrás de información sobre tu estado actual. Y si quieres calcularlo con exactitud, la versión española de la PSS-14, adaptada por el doctor Eduardo Remor, está disponible en diversas páginas de internet.

Me viene a la cabeza aquel tipo que se precipitó por la ventana de un décimo piso y, mientras iba cayendo, la gente de las plantas inferiores le oía decir:

—¡Por ahora bien, por ahora bien!

Esto es humor negro, pero también es lo que hacemos los seres humanos cuando notamos los primeros síntomas de estrés. Cerrar los ojos y decir: «¡Por ahora bien, mientras pueda aguantar, adelante!». Y, tarde o temprano, pasamos de estresados a estrellados.

Pon remedio cuanto todavía estás a tiempo. De paso, aparcarás el modo amenaza y crearás espacio para que florezca tu entusiasmo.

Y si quieres un modelo en el cual fijarte, piensa en Keith Richards, el guitarra de los *Rolling Stones* —y no me refiero a que vistas como él o te sumes a su espiral de adicciones—. Según cuenta en su autobiografía, en una de sus agotadoras giras mundiales, una noche saltó al escenario y se plantó frente a decenas de miles de personas. Un millón de vatios de luz y sonido le alumbraban a la cara y le reventaban los tímpanos. Las televisiones filmaban, las radios retransmitían en vivo. Los fans gritaban, se desmayaban por el calor, alzaban los puños. Y para terminar el cuadro, unos relámpagos rasgaban el cielo.

En ese momento, soltó el primer acorde de *Jumpin' Jack Flash*, se giró hacia su compañero Ronnie Wood y le dijo al oído:

—Al menos durante un par de horas tendremos algo de paz y tranquilidad.

Cerró los ojos y tocó. Y de verdad encontró la calma durante treinta canciones a pesar de estar envuelto por el caos del estadio. La encontró, como cada día que subía a un escenario, porque se entregaba de tal forma a su música que él mismo, y sus preocupaciones, dejaban de existir.

Esta anécdota de Richards es *flow* puro. Cuando vives con entusiasmo, el mundo que te rodea deja de ser una amenaza y solo queda dejarse llevar, encaramarse al bafle, bailar en la tormenta.

Y para compensar el haberte puesto de ejemplo a un rockero de la vieja escuela, en el siguiente cuadro te comparto algunos consejos ultrasaludables que puedes poner en práctica hoy mismo.

Estacas anticaos interior

1. No te acuestes con tu móvil. Es importante dormir el tiempo necesario, pero también lo es preservar la calidad de ese tiempo. Mantén una rutina de horarios y prepara a conciencia la habitación donde duermes: ventilando, ordenando el entorno... Y deja fuera del dormitorio el móvil, que es tu peor compañero de cama.

2. Agáchate a regar. La prestigiosa Mayo Clinic afirma que cualquier actividad física sirve para aliviar el estrés, incluso pasear o hacer trabajos de jardinería. Y tiene toda la razón. Aunque no seas deportista, el ejercicio libera endorfinas y otras sustancias químicas neuronales que te sacan de la espiral de saturación mental. El solo hecho de centrarte en los movimientos de tu cuerpo ya te ayuda a entrar en *flow* y a relativizar los pequeños inconvenientes que te alteran.

3. No te des a los excesos. Muchas personas, cuando se ven superadas por las circunstancias, reaccionan bebiendo demasiada cafeína o alcohol, consumiendo drogas, llenando el estómago por pura ansiedad... Precisamente, cuando más despiertos han de estar para salir del hoyo, merman sus facultades. No trates de entusiasmarte con estos u otros estímulos momentáneos que solo son fugas que no conducen a ninguna parte.

4. Hazte valer diciendo no. No podemos con todo... O, al menos, no sin pagar un precio. Tenemos la mala costumbre de decir siempre que sí, pensando que eso nos evita conflictos o nos convierte en seres más competentes. Pero tenemos límites, físicos y emocionales, que hay que respetar si no queremos saturarnos y apartar el foco de lo que verdaderamente importa: la gente que quieres, tus proyectos y, por supuesto, tu salud. Recuerda que eres tu prioridad.

No tengas miedo

El tercer vampiro que has de exterminar es el miedo, y para ello es necesario conocerlo bien. Deja que muestre una fotografía de familia.

Junto con la tristeza, la alegría y la ira, el miedo es una de las cuatro emociones básicas. Y ¿qué es una emoción? Una reacción inconsciente con la que respondemos a un estímulo externo o interno.

Cada una tiene una función concreta, y el miedo sirve para protegernos. De hecho, gracias a él hemos sobrevivido como especie. Cuando veíamos un mamut en la entrada de la cueva, estallaba de forma inmediata la emoción del miedo y nos activábamos para escondernos o encontrar otra forma de sobrevivir. Superútil. Pero, como ves, hablo de una reacción rápida que tal como viene, se va. Desaparece el mamut, desaparece el miedo y, con este, la reacción que hemos generado. Ya ha cumplido su función.

El problema surge cuando el miedo deja de ser una emoción inconsciente y fugaz para convertirse en un sentimiento, que es algo consciente y duradero. Los sentimientos han pasado por el filtro del cerebro y se instalan en tu vida, condicionando tu estado de ánimo y tus decisiones. Y, si están mal gestionados, te roban la libertad y limitan tu margen de acción.

¿Cuáles son las reacciones clásicas del miedo?

- — Huir. Muy conveniente si el neandertal se encontraba al mamut en campo abierto (siempre que corriera más que él), pero no puedes pasar la vida huyendo de todo: de una conversación difícil, de una persona ante la que te sientes poca cosa.
- — Paralizarse. Si nuestro antepasado no era lo suficientemente rápido, le salía más a cuenta quedarse quieto; pero esto no quiere decir que hayas de paralizarte ante cualquier situación que se salga dc tu círculo de confort, como hacer una exposición en público.

— Sobreprotegerse. Desde luego que era muy acertado no volver a pasar por donde solía andar el mamut, pero no era digno (ni lo sigue siendo hoy en día) quedarse para siempre en el interior de la cueva sin ver la luz.

El miedo es el cáncer de los equipos —y con equipo no solo me refiero al trabajo, sino también a tu pareja, familia o al club de baloncesto del instituto—. Miedo a mostrarnos tal y como somos, por si nos rechazan. Miedo a escuchar al resto y a pedir perdón, por si ello afecta a la imagen que hemos forjado. Miedo a confiar o a compartir nuestras ideas, por si nos roban protagonismo o poder.

Consecuencia de tanta mieditis: la parálisis, que es algo incompatible con el entusiasmo y su energía dinámica, expansiva, siempre viva.

Hablando en concreto de entusiasmo, los dos miedos más comunes son a fracasar y, en consecuencia, a lo que pensarán los demás cuando esto ocurra.

En mi caso, cuando decidí colgar la toga y cambiar de vida podía haberme echado a temblar, pero ya he explicado que me podía más el entusiasmo por escribir y pronto entendí que fracasar solo era un síntoma de que estaba caminando; y, en cuanto a las opiniones ajenas, en el fondo, todo el mundo se identifica positivamente con las personas a las que algo les sale mal. ¿Cómo podría no ser así, si a todos nos pasa constantemente?

También hay quien, cuando empieza a entusiasmarse con algo, apaga aposta su propia llama por lo que pueda pasar. Piensa: «No seré yo quien se venga muy arriba para terminar decepcionándome». Y quizá se dé el caso de que las cosas no salgan como esperabas, pero recuerda que vivir con miedo no es vivir, es sobrevivir.

Cuando nos escondemos bajo una coraza para que no nos pase nada, efectivamente no pasa nada... ni tampoco lo bueno que el mundo tiene para ofrecernos. Sadhgurú, un yogui indio muy sabio y divertido, suele decir:

> La gente viene a verme y me pide: «Por favor, bendíceme para que no me pase nada». Y yo les digo: «¿Qué tipo de bendición es esa? ¡Que te pase todo lo que te tenga que pasar! ¿Sabes dónde no pasa nada? En la tumba. ¡Mientras estés aquí fuera no puedes dejar de caminar!».

«El miedo —concluye— se debe a que no estás viviendo en la vida; estás viviendo en tu mente». Como tantas veces se ha dicho, la mayoría de las situaciones que tememos jamás llegan a ocurrir.

Y si necesitas una inyección de entusiasmo para liberarte del miedo en un momento clave, como puede ser una presentación o una reunión importante, aplica la solución de urgencia de la doctora Brooks.

Esta científica se hizo popular por un experimento en el que utilizó como conejillos de indias a tres grupos de personas que se sentían especialmente inseguras cuando tenían que hablar en público, hasta el punto de que sufrían palpitaciones, mareos o ganas de vomitar. A los primeros los dejó a su aire para que se buscaran la vida, sin darles ningún consejo de cómo podían tranquilizarse. A los del segundo grupo les pidió que, justo antes de salir a escena, repitieran durante un par de minutos en voz alta, con toda convicción:

—Estoy tranquilo, estoy tranquilo, estoy tranquilo.

Y a los del tercero les propuso que hicieran lo mismo, pero repitiendo:

—Estoy entusiasmado, estoy entusiasmado, estoy entusiasmado.

Una vez pasaron por el estrado, quedó claro que los que mejor habían hecho la presentación fueron los miembros del tercer grupo. ¿A qué se debió? A que, al repetir la frase «estoy entusiasmado» mientras visualizaban la situación que les daba miedo, su cerebro interpretó el cosquilleo en el estómago, las palpitaciones y los vértigos no como una respuesta a la ansiedad, sino como esa excitación emocionante que experimentamos cuando sentimos la llama interior del entusiasmo.

Gracias a este sencillo ejercicio —puedes buscarlo por su título «Get excited: Reappraising pre-performance anxiety as excitement»—, su cerebro reinterpretaba el miedo y lo ponía a su servicio, haciendo que la energía negativa se utilizase de forma positiva. Tú también puedes servirte de él. Solo necesitas dos minutos y un espejo.

Más allá de inyecciones de urgencia, aquí tienes otros tres microhábitos sencillos para gestionar tus miedos y entusiasmarte con libertad.

ESTACAS ANTIMIEDO

1. ELIMINA EL MIEDO AL MIEDO. Imagina que te entusiasma la idea de tocar la guitarra. Empiezas a ensayar, pero la primera vez que lo intentas delante de tus amigos tienes tan mala experiencia que se te acelera el corazón y sufres sofocos y sudores. A partir de entonces, cada vez que coges el instrumento, tu cerebro no teme al público en sí mismo, sino a la reacción que aquella situación te produjo: las palpitaciones, sofocos y sudores. Que no te preocupe más. Son reacciones fisiológicas al miedo, es tu propio cuerpo desplegando su potencial para ayudarte a sobrevivir ante lo que interpreta como una amenaza, inyectándote sangre, energizándote... Se trata de reacciones normales que no se repetirán si te enfrentas de forma natural a la situación, sin enviar al cerebro alertas de que estás en peligro.

2. VISUALÍZATE SIN MIEDO. O, lo que es lo mismo, dale a tu cerebro su propia medicina. Si quieres a tocar la guitarra y te pones a pensar que vas a quedar en ridículo, empezarán las palpitaciones, sofocos y sudores como si estuvieras ante un peligro real. La mente no se detiene a analizar si en verdad va a ocurrir o no, se basa solo en lo que tú estás imaginando. Para ella no hay diferencia. Lo bueno es que, si imaginas que estás triunfando frente a esas personas, pondrás en marcha el mismo proceso mental, pero a la inversa, a tu favor. Cuanto más detalle pongas en tu visualización positiva, pensando con los cinco sentidos, más potente será la reacción química que generarás en tu cerebro. Imagina

cómo suena cada acorde, el tacto de las cuerdas, la sonrisa de quien te escucha, la agradable presión de la guitarra en el muslo, el olor de la madera...

3. Exponte al miedo poco a poco. Una vez que te has expuesto al miedo mentalmente, empieza a dar pasos progresivos en situaciones reales. Es lo que se conoce como habituación: repetir de forma continuada una conducta inofensiva para acostumbrar a la mente, hacer que se sienta cómoda y que su reacción sea cada vez más leve. Por ejemplo, antes de dar un concierto en Nochevieja delante de toda la familia, ensaya un día frente al espejo, al día siguiente toca para un amigo... Mejor que lanzarte a la piscina de forma ocasional, amplía tu confianza con pequeños cambios, pero con regularidad.

Vampiros en el trabajo

En los años noventa, Pixar se preparaba para lanzar *Toy Story*. Aunque la compañía era joven, por los pasillos circulaban talentos como el científico Ed Catmull y el mismísimo Steve Jobs, quien fundó la empresa al comprar la división de gráficos de Lucasfilm, productora de *Star Wars*. Entre sus ingenieros más veteranos había uno con un talento increíble, pero con una actitud cínica y egocéntrica que le llevaba a criticar absolutamente todo. Cuando entraba en una sala, parecía que se apagaba la luz.

Como explica Ed en su libro *Creativity, Inc.*, era un *brilliant jerk* —un cretino brillante— que saboteaba las ideas con sarcasmo, se posicionaba como quien más sabía mientras despreciaba el esfuerzo del resto, y ahogaba el entusiasmo de los nuevos. Su mera presencia les chupaba la energía.

El equipo empezó a no compartir ideas delante de él; nadie quería tenerlo en su grupo de trabajo, ya que la creatividad colectiva comenzó a secarse; se reunían sin incluirlo... Y, aunque iba a resultar difícil sustituirlo por sus habilidades de computación, Ed decidió despedirlo.

—No puedes permitir que el comportamiento tóxico de una sola persona, por muy talentosa que sea, destruya el alma de un equipo —concluyó.

Tradicionalmente, las empresas y otras organizaciones no han sido entornos fáciles para que florezca el entusiasmo. Por desgracia, no en todas se respira el clima de Pixar. Hoy en día, aún quedan jefes viejunos que, cuando les hablas de motivación, te dicen:

—Aquí se viene motivado de casa.

Y tú piensas: «Si yo ya vengo así, pero en cuanto pongo un pie en la oficina se me pasa».

Jefes o no, toca lidiar con personas negativas. Las llamo así porque no soy muy fan de la expresión «persona tóxica», ya que me parece un calificativo muy duro cuando no se tiene toda la información. «A saber lo que estará viviendo para comportarse así», me inclino a pensar. Pero sé que es aún más injusto caer en el buenismo, porque la tolerancia excesiva con algunos termina perjudicando al resto. Por eso, cuando alguien se dedica intencionadamente a apagar el entusiasmo de sus compañeros, hay que actuar como los padres de Buzz Lightyear y neutralizarlo.

¿Pero cómo?

Antes que nada, has de identificarlos. No siempre es fácil, ya que no van por la vida tirando bombas atómicas; más bien se valen de pequeñas cargas de profundidad. Como una garrapata, van sorbiendo tu energía con constantes microagresiones de queja y confusión.

Una vez tienes localizado al Nosferatu —no me digas que no les pega este nombre de viejo vampiro del cine mudo, calvo y con colmillos de roedor—, «no intentes cambiarlo». En lugar de eso, busca cómo limitar su margen de actuación.

En una publicación de LinkedIn de Jordi Alemany sobre liderar equipos con quienes él llama saboteadores, este experto en humanización de negocios explica que entre los mayores errores que cometemos se encuentra el intentar rescatarlos. Nos dejamos llevar por la idea de que, con la estrategia correcta, el mensaje adecuado o la suficiente empatía, cambiarán. Pero hay personas que no quieren cambiar. Cuanto antes aceptamos esta verdad, menos energía perdemos. Si alguien, lejos de sumar al equipo, resta de forma sistemática, hay que tomar medidas antes de que el problema escale.

Y es que, por mucho que te prepares a conciencia lo que vas a decirles, lo más probable es que una conversación directa que los ponga contra las cuerdas tampoco funcione, dado que los Nosferatu no juegan con las mismas reglas. En lugar de intentar redimirlos, cambia el contexto en el que operan.

Por ejemplo —propone Alemany—, frente a esos comentarios que envenenan el ambiente, responde con datos concretos que desarmen su discurso. Fomenta en el grupo una cultura de comunicación abierta donde los rumores y las indirectas pierdan valor.

La pregunta no es cómo motivar a los Nosferatu. La pregunta es cuánto tiempo vas a permitir que te desmotiven a ti y al resto del equipo. Decide en quién inviertes tu energía. Si la preservas para utilizarla en lo que merece la pena, llegarás hasta el infinito y más allá.

Una última reflexión

Si te lo propones, siempre encontrarás una excusa para no hacer nada, que es adonde nos conducen las quejas, el caos interior y el miedo. Siempre tendrás una excusa para tumbarte en la cama bajo un edredón de frustración y dejar que vayan pasando los días.

Pero has de saber que, si escoges ese camino, estarás ofreciendo tu cuello a los vampiros del entusiasmo... y terminarás convirtiéndote en uno de ellos. Cuando te hayan chupado toda tu energía, serás tú quien empezarás a chupar la de otros. En cuanto se te acerque una persona entusiasta —con la guitarra que se acaba de comprar, una idea para un libro, la foto de alguien que ha conocido y le ha hecho vibrar— tratarás de apagar su pasión.

De pronto, tú serás, ni más ni menos, ese ser que no quieres que te toque en tu mesa en una boda.

Y no podemos permitir que eso ocurra.

Pongámonos ya mismo las pilas del entusiasmo.

PONTE LAS PILAS AAA

¿Conoces las pilas AAA? «Supervida, superpoder», dicen los anuncios. Y ¿qué significa esa triple A? Para los señores de Duracell es un estándar de medida. Para mí, los tres pilares sobre los que hemos de construir una vida entusiasta:

Aceptación – Atención – Acción

Con los años, estas tres palabras se han convertido en mi mantra.

En algunas tradiciones orientales como el budismo y el hinduismo un mantra es un conjunto de palabras o frases que se recita para invocar a la divinidad o apoyar a la meditación.

Yo siempre había querido tener un mantra propio; en concreto, desde que en 2001 crucé el Himalaya desde Nepal hasta Lhasa, capital del Tíbet, la aventura de la que surgió mi primera novela. En un monasterio de la meseta tibetana me senté en el extremo de una sala en la que docenas de novicios rezaban con sus tablillas de mantras. Recuerdo el momento en el que cerré los ojos y me dejé llevar por la cadencia. Los pequeños lamas leían de forma simultánea y en voz alta distintos textos, unos en tibetano, otros en lengua hindi, componiendo aquel zumbido monótono que los ayudaba a vaciar su mente de pensamientos, dejando espacio a las verdades absolutas que nos esperan más allá del caos del día a día.

En mi mantra triple A también es importante la cadencia. Aceptación, atención, acción... Pero más allá de la intención meditativa está el trabajo de toda una vida.

Ahora, este mantra también es tuyo. Y, con lo que hemos compartido en la primera parte del libro, tal vez imagines a qué me refiero con cada palabra.

Son los tres polos opuestos a los vampiros del entusiasmo.

> Frente a la queja, aceptación.
> Frente al caos interior, atención.
> Frente al miedo, acción.

Cuando lleguemos al «Decálogo del entusiasmo» —en la tercera parte de este método—, compartiré las rutinas más potentes para generar la energía del éxito, todas ellas de aplicación cotidiana. Unos días practicarás unas, otros te inclinarás por otras. Pero para que cualquiera de esas rutinas prenda la chispa, antes tienes que haber preparado el terreno.

Sea cual sea tu situación, sean cuales sean las circunstancias del entorno, has de construir tu vida sobre la aceptación, la atención y la acción.

Esta triple A es la base de todo.

Deja que te ponga las pilas del entusiasmo.

Aceptación

Aceptar no es dar por bueno lo que hay.

Aceptar no es conformarse.

Aceptar no es rendirse.

Y mucho menos significa que te guste lo que está pasando. Lo triste es triste, lo injusto es injusto, lo doloroso es doloroso, desde la muerte de un ser querido hasta que te pille una tormenta sin paraguas.

Tampoco soy tan ingenuo como para pensar que, si abrazas una situación dramática, esta va a parecerte idílica como por encanto. La lluvia no te va a mojar menos por el hecho de que mires al cielo con la sonrisa de Buda. Pero tampoco mejorará la cosa si te pones a despotricar: «¡Qué mala suerte! ¡Qué asco de día!».

Por el contrario, si entrenas la aceptación evitas mucho sufrimiento, el propio y el que quizá provoques a quienes tienes alrededor. Piensa que, cuando rechazas la realidad, sufres dos veces: primero por lo que ocurre y, además, por el enfado y la frustración por no querer que ocurra.

Aceptar es dejar de pelearte con la realidad. Es observar tanto lo que sucede por fuera como lo que experimentas en tu interior y decirte: «Esto es lo que hay. Y, desde aquí, decido libremente cómo actuar».

La raíz latina de la palabra «aceptar» significa recibir algo sin objeción, de forma voluntaria. Psicólogos y terapeutas la utilizan como herramienta en los procesos de transformación, pero la clave está en trabajarla de forma consciente sin necesidad de pasar por una consulta. Practica el recibir tus experiencias, emociones y pensamientos tal como son, sin intentar juzgarlos ni cambiarlos. Mejorarás tu salud mental y clavarás el primer pilar para construir una vida entusiasta.

Un relato de aceptación extrema

Para entrenar la aceptación, viene bien repasar historias que son terribles para todo el mundo... menos para sus protagonistas.

Arthur Ashe fue el primer tenista afroamericano en ganar Wimbledon, el US Open y el Abierto de Australia. No solo era un deportista excepcional, también un incansable activista social. De hecho, su partido más difícil no se jugó en una pista.

En una transfusión de sangre contrajo el VIH, en un momento además —a finales de los ochenta—, en el que no existían tratamientos para la enfermedad, que era todo un estigma social. Ante semejante golpe del destino, cualquiera se vendría abajo. Pero cuando se hizo público y todos se echaron las manos a la cabeza por lo injusta que había sido la vida con un hombre tan bueno, Ashe los corrigió diciendo:

—Si me preguntara por qué yo por el VIH, también tendría que haberme preguntado por qué yo cuando gané mi primer Grand Slam.

Esta respuesta es toda una lección de vida. Si te enfrentas a un cambio inesperado y tu mente, desde la resistencia, se aferra a una realidad que ya no existe, buena parte de tu energía se pierde en forma de frustración y terminas agotado, hundido en un pozo sin recursos para adaptarte. Por eso, en lugar de machacarte con la clásica pregunta «¿por qué me pasa esto a mí?», pregúntate «¿cómo puedo hacer que esta situación, por penosa que sea, resulte una experiencia útil?».

Ashe aceptó lo que no podía cambiar y siguió actuando desde su nueva situación sin dejar de ser él mismo, con sus convicciones y propósitos. Creó una fundación para el estudio del virus y escribió unas memorias, *Days of grace*, con las que lanzó un potente mensaje de lo que significa vivir bien cuando tu cuerpo se rompe. Una lección de dignidad sin victimismo, de cómo el dolor puede convertirse en motor de servicio a los demás.

Si tienes presente una historia como esta, te importará bastante poco que un chaparrón te arruine un pícnic. Relativizas tus desgracias cotidianas y es más fácil practicar la aceptación.

Hace años invité al psicólogo superventas Rafael Santandreu al foro mensual del cual ya te he hablado. Acababa de publicar su libro *El arte de no amargarse la vida* y sus lectores se multiplicaban por minutos. La clave: haber acuñado el término terribilitis.

Los seres humanos —explicó— tenemos tendencia a exagerar la negatividad de las situaciones y considerarlas terribles. Interpretamos cualquier problema, por pequeño que sea, como si fuera el fin del mundo. Creemos que todo lo malo que nos pasa es insoportable. Nuestro vocabulario se inunda de términos absolutos como «nunca», «lo peor» o «catastrófico» para describir situaciones que, sin embargo, son manejables o pasajeras.

Esta forma de pensar nos impide aceptar lo que ocurre. Nos enfrentamos a la realidad, aferrados a la idea de que las cosas deberían ser diferentes, y generamos un sufrimiento que puede afectar seriamente a nuestra salud mental. Por eso, afirma Santandreu, es urgente aprender a desdramatizar y darnos cuenta de que la mayoría de las situaciones son llevaderas y no nos impiden tener una vida plena. Y, para lograrlo, te propone que midas en qué grado es terrible tu problema.

¿Qué nivel de gravedad del 1 al 10 le pondrías al hecho de que te haya dejado tu pareja? Imagina que le das un 8, porque tu vida ya no tiene sentido. ¿Cómo calificarías entonces la llamada del oncólogo que te anuncia un cáncer? Si lo anterior lo has valorado con un 8, no tienes más remedio que ponerle un 10. Entonces, ¿cómo calificarías la muerte de un hijo? Es entonces cuando, para que todo cuadre, empiezas a rebajar más y más la puntuación de la ruptura amorosa.

Recuerdo que, en aquella charla, puso un ejemplo concreto: cuando te hagas un esguince y empieces a maldecir porque «con muletas no puedes hacer nada», contrástalo con lo que padeció el actor Christopher Reeve —el primer Superman— cuando se quedó tetrapléjico al caer de un caballo en pleno apogeo de su carrera. Por cierto, Reeve también se convirtió en un símbolo de perseverancia y activismo, dedicado a luchar hasta su último soplo de vida para mejorar de la calidad de vida de personas con discapacidad.

Seguro que tu vida no es perfecta, pero tampoco es terrible. Además, ¿quién quiere una vida perfecta?

La perfección no existe, ni falta que hace

El maestro zen Shunryu Suzuki dijo a su discípulo:

—Eres perfecto tal como eres, te vendría bien una pequeña mejora.

Lo que parece una contradicción es una inspiración muy bella. Traído a nuestra sociedad actual, el mundialmente conocido psiquiatra Robert Waldinger la lleva a su trabajo clínico y comienza diciendo a sus pacientes:

—Eres perfecto tal y como eres. Eres único, nunca serás reemplazado y has de ser valorado como mereces. Pero estás sufriendo y es posible que, por ello, estés haciendo sufrir a otros. Esto es lo que vamos a trabajar.

Solemos pensar que, para entusiasmarnos, hasta el último detalle de nuestra vida ha de ser como desearíamos, pero lo cierto es que vivimos en un mundo en el que todo es bastante imperfecto, comenzando por nosotros mismos.

Atrévete a mirar hacia dentro. Probablemente, no te guste todo lo que descubras, pero habrás de aceptar lo que eres y celebrar que, al igual que tienes grietas, también tienes virtudes que puedes explotar. Es necesario integrar esta totalidad en tu vida para confiar en tus fortalezas.

Tengo la fortuna de ser amigo y paisano —ambos somos nacidos en Logroño— de Pablo Sáinz Villegas, considerado el mejor guitarrista clásico del planeta. Entre sus cientos de logros internacionales, como haber grabado con John Williams y tocado para personalidades como el dalái lama, ha puesto a ochenta y cinco mil personas en pie en el Santiago Bernabéu con su guitarra.

¿Y sabes cuál ha sido una de las claves que lo han conducido a semejantes hitos?

No haberse obsesionado con la perfección.

Deja que él mismo te cuente cómo ha mantenido vivo el entusiasmo a lo largo de su carrera.

> Con seis años empecé a tocar en residencias de ancianos y los recitales me producían una inmensa alegría.
>
> A medida que pasaba el tiempo desarrollé un exigente perfeccionismo. Tocaba a un nivel altísimo, pero ya no disfrutaba. Al terminar me sentía agotado, deshidratado. No podía dormir ya que mi mente reproducía una y otra vez cada minúsculo error. Incluso me pregunté si sería capaz de seguir actuando.
>
> Pero un día me di cuenta de que la guitarra no es perfecta. Necesita ser afinada, reparada o reemplazada, lo cual no le roba belleza, sino todo lo contrario. Comprendí que yo también soy bellamente imperfecto; y me propuse inspirar al público para encontrarnos y completarnos mutuamente en un profundo espacio de vulnerabilidad.
>
> En lugar de intentar ser perfecto, trabajo duro para ser excelente y compartir lo mejor que puedo ofrecer. Y al pensar así revivo el entusiasmo de aquel niño, la felicidad que sentí al salir al escenario por primera vez. Me entrego al público con cada nota, incluso en el error, porque el error forma parte de la música y, así, de la vida.

Es vital erradicar el perfeccionismo mal entendido. Sé lo que digo porque yo mismo he padecido este mal. Cuando preparaba mis primeras conferencias, intentaba que cada frase sonase como la mejor cita de Martin Luther King, con lo que perdía esa espontaneidad que te conecta con los demás. Pensamos que nos querrán si somos perfectos, pero lo cierto es que los seres humanos solo podemos amar lo imperfecto.

No me resisto a dedicar unos párrafos al *wabi sabi*, este concepto japonés que se traduce como «la belleza de la imperfección» y se inspira en la naturaleza, donde nada es perfecto, nada está terminado y nada es para siempre. En el mundo de las plantas y los astros no hay líneas rectas. Se trata de encontrar belleza en lo que está incompleto, inacabado o deteriorado por el tiempo.

Quizá hayas visto esas piezas de cerámica rotas cuyos pedazos están pegados utilizando oro para resaltar sus fracturas. Con esta técnica llamada *kintsugi*, en lugar de desechar una vasija que se ha caído al suelo, se restaura integrando sus cicatrices como una parte hermosa de su historia e identidad.

Aplicado a lo que estamos trabajando:

— Aceptar que nada está terminado, que en este mundo de cambio constante está todo por hacer, te infunde esperanza y te impulsa a actuar para seguir creciendo.
— Aceptar que todo es efímero, y casi siempre muy breve, te empuja a vivir plenamente cada momento. En este punto, esta filosofía se funde con la de *ichigo-ichie*: lo que vas a vivir no se repetirá nunca más; el hecho de que cada instante sea único e irrepetible es lo que le da valor.

Como ves, lo que los sabios nipones te proponen con este cóctel de enseñanzas milenarias es que vivas con entusiasmo.

Además, cuando aceptas tu propia imperfección, te resulta más fácil aceptar la de quienes te rodean, lo cual te evita no pocas fricciones. Ellos tampoco son seres idílicos creados por IA… ¡ni falta que hace! La grandeza de un equipo, incluso uno tan pequeño como una pareja, estriba en su diversidad. Los demás, al igual que tú, son únicos por la fusión de sus grietas y virtudes. Acepta sus debilidades para, desde la humildad, dar lugar a un aprendizaje mutuo que os haga crecer.

Y si no consigues ver la belleza en la imperfección, propia o ajena, siempre puedes seguir los consejos de Mark Manson y practicar *El sutil arte de que (casi todo) te importe una mierda*. Así se titula este *bestseller* internacional que invita a aceptar que la vida es limitada y no se puede tener todo. Su propuesta, acogida por millones de lectores: elegir con sabiduría tus batallas. Has de saber qué cosas merecen tu atención y tu tiempo. No se trata de que nada te importe, sino que muy pocas cosas te importen de verdad, y les dediques tu energía.

Vulnerabilidad, tu arma secreta

Antes de acabar este capítulo compartiré una llave maestra para desarrollar tu capacidad de aceptación. Pero deja que, entretanto, te proponga un *tip* para completar el apartado anterior: una vez has aceptado tus imperfecciones, muéstralas abiertamente al resto.

«¿Cómo voy a hacer eso, Andrés? ¡La gente se aprovechará de mí!», puede que me digas.

Te aseguro que será al contrario, te sentirás mucho más poderoso y nutrirás tu entusiasmo.

Imagina dos vendedores de batidos en un centro comercial. Uno se comporta con la cortesía de un diplomático de carrera, mientras que el otro derrama los batidos por la mesa y conversa de forma natural con los clientes, explicándoles que es un novato pero que su intención es aprender. ¿Cuál crees que venderá más? Si le preguntas a la doctora Brené Brown, referente mundial en la vulnerabilidad, probablemente te diga que el segundo, debido a tres motivos:

1. Nos sentimos identificados con las personas imperfectas porque todos lo somos. Tu vida, al igual que la mía, está salpicada de dramas y decisiones desacertadas. Eso sí,

cuando muestres tu vulnerabilidad no te pases. Si solo ofreces victimismo, será una versión sesgada de ti que se interpretará como una forma de manipulación para dar lástima. El «pobre de mí» del que hablaba el psicólogo James Redfield. ¿Dónde está el límite? En el sentido común. Cuenta las cosas de forma espontánea, sin forzar, en una conversación en la que resulten coherentes.
2. Las personas que exhiben su vulnerabilidad nos lanzan el mensaje de que confían en nosotros. Pero, una vez más, que no se te vaya la mano. La vulnerabilidad ha de basarse en la reciprocidad. Genera un diálogo, dejando espacio para que el otro también se abra.
3. Nos atrae su coraje, ya que son capaces de vencer la vergüenza que esclaviza a otros. De nuevo, ojo sin pasarse. Reconoce abiertamente lo que no sabes o no puedes controlar, pero sé igual de valiente para decir que vas dejarte la piel para encontrar una solución.

Esto último es lo que te hará vender más batidos.

Y, además de multiplicar tu carisma, favorecerá tu entusiasmo. Cuando te abres al otro sin temor a ser juzgado y asumes la responsabilidad de crecer, refuerzas tu compromiso con lo que haces y te lanzas a buscar nuevos caminos.

Mano de santo para tu llama interior.

Si no te ocupas de nacer, te ocupas de morir

Aún me queda poner sobre la mesa un término que solemos identificar con aceptación, a pesar de que no se parecen en nada: la resignación.

Resignarse es tirar la toalla, quedarse estancado, sucumbir a pensamientos negativos en bucle y esperar a que las soluciones vengan de fuera.

Aceptar, por el contrario, es ser consciente de que el mundo es caótico y que requiere adaptarse, estar en paz con el momento, tomar las cosas según vienen y actuar para mejorarlas, haciendo ni más ni menos que lo que está en tu mano hacer. Aceptar es dejar de actuar de forma reactiva para hacerlo de forma proactiva. Es dejar de preocuparte para empezar a ocuparte.

Hace poco vi la película *A complete unknown* sobre Bob Dylan y recordé uno de sus versos más bellos: «Si no te ocupas de nacer, te ocupas de morir».

Lo traigo aquí porque la resignación conduce a la parálisis, mientras que la aceptación es una llamada a la acción —la tercera A de nuestra pila—.

Si dejas de resistirte a lo que no puedes cambiar, liberas una enorme cantidad de energía que puedes canalizar en pasión, búsqueda, movimiento...

En entusiasmo.

Y, como ya he adelantado al inicio del capítulo, cuando hablo de no resistirte a lo que no puedes cambiar, me refiero tanto a lo que ocurre a tu alrededor, como a lo que ocurre en tu interior. Las circunstancias disparan nuestras emociones y debemos aceptarlas para poder gestionarlas como es debido. Son parte de la realidad.

Si te resistes a «lo que es», también te alejas de «lo que eres».

Para favorecer la aceptación, concéntrate en identificar lo que sientes, pero no lo juzgues. No pongas a tus emociones la etiqueta de buena o mala.

Y, en cualquier caso, practica la autocompasión. Esto es: sé amable contigo.

Dediquemos a este tema importantísimo el siguiente apartado.

Trátate como tratarías a tu mejor amiga

Alimentar tu centrifugadora cerebral con pensamientos de desprecio hacia ti, que duelen como latigazos en tu propia espalda, no te ayudará en nada.

Y, además, nadie merece ser tratado así.

Kristin Neff es profesora en la Universidad de Texas y pionera mundial en el estudio de la autocompasión. Pero antes de teorizar, vivió en sus carnes lo que enseña. En 2002 diagnosticaron autismo a su hijo pequeño, un golpe muy duro que le produjo la reacción clásica: miedo, tristeza, desesperación, culpa.

Cuenta que un día se detuvo a escucharse y, en lugar de seguir avivando los pensamientos que la destruían, simplemente observó: «Estoy triste. Estoy desbordada. Y eso es humano». Ni trató de silenciar la emoción, ni la etiquetó como negativa ni se exigió ser fuerte o superar la situación. La acogió, sin juicio, y formuló la gran frase que está transformando a miles de personas:

> ¿Cómo trataría a una amiga que estuviera sintiendo esto mismo?
> Pues así voy a tratarme yo.

A partir de entonces, Kristin practicó cada día la aceptación de sus emociones siguiendo un protocolo basado en tres llaves: amabilidad —háblate con ternura, consuélate, date ánimo sin exigirte perfección—, humanidad compartida —reconoce que todos sufrimos, todos fallamos, todos sentimos miedo o frustración— y, la tercera, *mindfulness* —que estudiaremos a fondo en la segunda A de la pila—.

Según los estudios de Kristin y otros investigadores, al activar las regiones del cerebro asociadas al cuidado y la regulación emocional, la autocompasión no solo favorece la aceptación, sino que directamente incrementa la motivación.

¡Y todo empieza por hablarte con cariño!

Las palabras, sobre todo las que nos decimos a nosotros mismos, tienen una fuerza espectacular.

¿Qué te parece la palabra gratitud?

Deja que te comparta el microhábito definitivo para convertirte en un máster en aceptación.

Diario de gratitud

Te despiertas y piensas: «Qué poco he dormido». Acto seguido: «Qué frío va a hacer en el baño». Mientras te duchas: «No tengo ropa suficientemente nueva para esa reunión». Mientras te vistes: «No tengo tiempo para desayunar como me gustaría». Mientras desayunas: «Seguro que cuando llegue al trabajo me encontraré mil marrones»...

Vivir en la carencia ahoga tu entusiasmo. A pesar de eso, hay muchas personas enganchadas a esta mentalidad tan nociva. No es extraño. El cerebro, tras milenios de evolución, sigue manteniendo un sesgo de negatividad que nos lleva a fijarnos en lo que nos falta y en cualquier cosa que pueda suponer una amenaza. Le aterra que perdamos lo poco que nos queda. Se focaliza en preservar las migajas para que podamos sobrevivir.

Para salir de este bucle, has de cambiar la mentalidad de carencia por la de gratitud.

No te pido que, cada vez que te den los buenos días, contestes con una cesta de fruta y una reseña positiva en Google. Se trata de mirar el mundo siendo consciente de que, en cada momento, tienes muchas cosas que agradecer.

Y, como microhábito para forjar esta mentalidad, te propongo escribir un diario de gratitud.

Martin Seligman, padre de la psicología positiva, demostró que las personas que cada noche anotan en una libreta tres cosas buenas que les han sucedido durante la jornada experimentan un aumento significativo de su bienestar y una reducción de síntomas depresivos.

En esa lista cabe todo. Por supuesto, has de apuntar tus logros grandes o pequeños, pero también cualquier otro detalle: personas que tienes siempre a tu lado o que te acompañan en algún proyecto; habilidades especiales que vayas integrando y las básicas que otros no aprecian —como la capacidad de caminar o de ver—; actividades que te generan bienestar; experiencias como una escapada al monte, ir al cine, un artículo que has leído o un escaparate bien decorado que te ha llamado la atención mientras volvías de hacer un recado.

Como microhábito que es, conviene que el diario de gratitud tenga asignado un momento concreto. Y propongo la noche porque, aparte de que será un broche ideal para la jornada, según acreditan los psicólogos expertos Robert Emmons y Michael McCullough, te facilitará el sueño. No solo lo conciliarás más rápidamente, sino que también será más reparador.

Otro beneficio transversal de la gratitud consciente —en esta ocasión, los autores del estudio pertenecen a la National Taiwan University of Sport— es el fortalecimiento de la autoestima. Si lo piensas, este ejercicio supone enfocarte en ti, en lo que eres y has de celebrar, para dejar de compararte con esas vidas —supuestamente— idílicas del resto que te hacen sentir miserable.

Es así de fácil: papel, boli y tres minutos para redirigir tu atención a lo positivo.

Con este microhábito favorecerás tu nivel de aceptación, porque, junto a las desgracias, también tendrás presente todas las cosas de tu vida que merecen sen honradas y celebradas. Acuérdate de la respuesta de Arthur Ashe en su momento más crítico:

—También tendría que haberme preguntado por qué yo cuando gané mi primer Grand Slam.

Y, además, de regalo, generarás prosperidad en tu vida.

> No es el éxito el que nos hace agradecidos,
> es la gratitud la que nos hace exitosos.

Deja que te lo explique.

Los seres humanos traemos de serie una *app* cerebral llamada SAR —sistema de activación reticular—, encargada de filtrar la información que constantemente recibimos del entorno.

De entre los miles de estímulos que te rodean —luces de farolas, colores en la ropa, carteles en los muros, pitidos de coches, sonidos de viento y voces, rostros diferentes, olores de contenedor y de la pastelería de la esquina…—, solo tomas conciencia de aquellos que el SAR considera interesantes para ti. Por eso, cuando te rompes un brazo, ves escayolas por todas partes. No es que haya más personas lesionadas que el día anterior, sino que el cerebro considera que tienen un interés especial para ti, y te las muestra al tiempo que desprecia otros infinitos estímulos que no te serviría tener presentes.

Siguiendo el mismo proceso, si pasas el día anclado en la queja y en la frustración, el SAR te mostrará solo amenazas y negatividad; y, si vives desde la aceptación de «lo que es» y te focalizas en sentir gratitud por lo que tienes, el SAR te mostrará oportunidades.

Mismo escenario, diferente realidad.

En el caso de las personas que muestran gratitud, una realidad próspera.

TIP *DE GRATITUD EXTRA*

Cuando vayas a comerte un tomate, piensa de dónde procede. Tal vez venga de los campos que rodean tu ciudad, o de otra provincia o país.

Piensa en la persona que lo ha plantado, regado y cogido de la mata, quien seguro tendrá una familia que lo espera en casa cada noche. Piensa en quien lo ha transportado en un camión y en aquel que lo ha colocado en el escaparate de la tienda de alimentación. Piensa en la persona de la caja que te lo cobra, en quien ha ideado y fabrica las bolsas reutilizables donde lo llevas a tu cocina...

Lo mismo ocurre en tu pareja, familia y equipo. Mil cosas son necesarias para que todo funcione. Mil cosas merecen tu agradecimiento a cada instante. Cuando practicas la gratitud, también generas un saludable sentimiento de universalidad: tomas conciencia de lo cerca que estamos unos de otros.

Ahora mismo, yo te agradezco que me leas y me brindes tu confianza. Seguro que tú también tienes algo que agradecer hoy. Quizá hayas dormido bajo techo en una noche fría; tengas una pareja o unos hijos que te han dado los buenos días; hayas visto una flor en un balcón mientras esperabas en un semáforo.

Anochece en Guinea

Quiero cerrar este capítulo con la persona que me sirve de anclaje para practicar la aceptación: mi abuela Carmen.

El año pasado publiqué mi novena novela. Se titula *El árbol de las palabras* y cuenta la historia de los primeros españoles en la antigua colonia de Guinea Ecuatorial. Es un libro que siempre había querido escribir porque mis bisabuelos y abuelos maternos vivieron en este rincón de África en las décadas de los veinte y treinta del siglo XX, así que hace cuatro años viajé a Fernando Poo —hoy Bioko, la isla principal—, para seguir sus pasos. Mis abuelos fueron longevos y tuve la gran fortuna de tenerlos muy cerca —incluso llegué a ejercer de abogado con él en su despacho—, por lo que había escuchado muchas historias que, además, me han servido de guía para la aventura de la vida.

El bisabuelo David era un ejemplo de entusiasmo. Siempre había querido ser marino, pero sus padres le decían:

—¡Qué tontería es esa, si somos de Soria!

Y, para demostrar que los únicos límites están en la mente, se desplazó a Valencia, donde se preparó a conciencia hasta obtener el título de capitán de marina mercante. Se hizo cargo de un buque que hacía la costa de África, se enamoró del continente y no tardó en solicitar un puesto en Guinea, donde terminó siendo curador colonial, una suerte de defensor de los derechos de los nativos frente a los abusos de los colonos, algo que casaba con su personalidad empática.

Pero por mucho que cada día tenga presente sus valores —luchar para encontrar tu sitio en la vida, sentir curiosidad y fascinación por lo incierto, abrazar la diferencia para el crecimiento mutuo— la dedicatoria del libro tuvo otra protagonista:

> A la memoria de mi abuela Carmen,
> por sonreír en todas las fotos de Guinea.

Esto, que puede sonar un tanto naif, para mí es un símbolo de profunda aceptación. Con solo dieciocho añitos, mi abuela acompañó a mi abuelo a aquella selva lejana que resultó ser tan fascinante como difícil, muchas veces letal. Pero en todas las fotos que le disparaba el abuelo —y que después coloreaba— mostraba una sonrisa de paz. Y cuando, ya mayores, me contaban sus andanzas, de sus labios no salía una palabra negativa sobre las incomodidades que sufrió —la humedad extrema, las legiones de insectos que trepaban por las patas de los muebles, la carencia de productos básicos—, ni por los peligros, las fiebres y los efectos secundarios de la quinina que tuvieron que tomar para aplacarlas.

A pesar de lo joven que era cuando llegó, tenía claro que «todo está bien como es». Estaba componiendo un puzle de vida con la persona que amaba y era consciente de que no podía seleccionar las piezas a su antojo.

Para colorear una fotografía de la colonia —escribí en la novela— debía usarse la paleta entera. Tierra negra. Mar celeste. Cien gamas de verde. El blanco delicado del lino. Y, en las retinas de los pájaros que sobrevolaban las playas, el rojo de la sangre de quienes abrieron camino.

Mientras cierro este capítulo observo una foto de la abuela sonriendo en una pequeña cala de Fernando Poo, entre palmeras y rocas volcánicas. Quién sabe cuál de las historias que me contaron había vivido ese día... Tal vez acababan de sacar del mar sin piernas a aquel finquero al que atacó un tiburón; o el abuelo estaba a punto a enfermar de fiebres en una incursión en la selva, junto a una aldea donde le salvaron la vida in extremis con remedios naturales.

En la foto anochece en Guinea. Es la hora de aceptar las sombras y dar las gracias por el hecho de que mañana, de esto no hay duda, amanecerá de nuevo.

Frente al vampiro de la queja, aceptación.

Ya podemos pasar a la segunda A de la pila del entusiasmo.

Atención

Como dice Gabriel García de Oro, fundador de Fantástica Storytelling School, «mira si es importante la atención, que no se da, se presta. Te presto mi atención, pero quiero que me la devuelvas porque la necesito para vivir». Y, sin embargo, permitimos que nos la robe cualquier ladrón que pasa por delante.

El primero, el mundo que hemos construido. Infinitos estímulos nos reclaman a cada instante. Unos pocos son interesantes, pero la mayoría son basura comercial camuflada de cosas que supuestamente necesitamos pero que no nos hacen ninguna falta.

Pero sobre todo, lo que más nos roba la atención es nuestro propio caos interior, segundo vampiro del entusiasmo, que con su centrifugadora de pensamientos nos hace vivir en cualquier sitio menos aquí y ahora: en el pasado —con sus culpas, rencores y tristezas— y en el futuro —con la frustración por todo lo que nos falta por conseguir y la anticipación aterradora de mil problemas que no se han dado y que, probablemente, jamás lleguemos a sufrir—.

La buena noticia es que a este segundo ladrón sí que podemos encerrarlo, tirar la llave y dedicarnos a prestar nuestra atención al presente, que es donde surgen las oportunidades de triunfar y de ser felices.

Como buen filósofo de carrera que es, Gabriel suma sus juegos de palabras a una larga tradición de pensamiento. Y es que la atención al aquí y ahora ha sido elogiada históricamente desde diferentes perspectivas.

Los estoicos la consideraban un acto de libertad. Epicteto recomendaba poner foco en lo que está bajo nuestro control: el momento presente y nuestra actitud hacia él. Y Marco Aurelio, siempre poético y certero, escribía: «No dejes que el futuro te moleste. Lo enfrentarás, si es necesario, con las mismas armas con las que hoy enfrentas el presente».

En el siglo XVII, Pascal veía la atención como un antídoto contra la angustia existencial. Advertía que la infelicidad del hombre se basa en una sola cosa: que no sabe quedarse quieto en una habitación. Y tenía razón. La incapacidad de estar presentes, ese buscar distracciones constantes para no estar con uno mismo, es fuente de ansiedad y vacío.

Para Simone Veil, superviviente de Auschwitz y una de las políticas más veneradas de Francia, la atención era la forma más pura de generosidad, por lo que podría considerarse el camino hacia el amor.

Y también es un pilar necesario para generar entusiasmo, dado que la energía del éxito solo se genera en el aquí y el ahora.

Un adulto enganchado por inercia al correo del móvil, aunque esté fuera del horario de trabajo y no espere ningún mensaje, pasa por alto un impresionante atardecer. Un niño, vacío de distracciones y lleno de curiosidad, se entusiasma con una caja de cartón.

Recuerda lo que hablamos en el capítulo de la motivación acerca del *flow*, ese estado que combina desafío constante y atención para ayudarnos a conseguir nuestros objetivos. Cuando nos enfocamos en la tarea, empieza a circular la dopamina del sistema de recompensa y se dispara el placer de implicarnos, el deseo de seguir explorando y, cómo no, el disfrute durante el proceso. Un artista apasionado no se emociona con la idea de cómo será la obra terminada, sino con cada pincelada atenta en el lienzo.

Veamos cómo integrar en el día a día esta segunda A de la pila. Y quiero empezar con una historia que describe mejor que ninguna lo que es avanzar por la vida con atención.

Su protagonista: la única persona del mundo capaz de caminar por el cielo.

ATENCIÓN A CADA PASO, LITERALMENTE

Philippe Petit es un funambulista francés que el 7 de agosto de 1974, con tan solo veinticuatro años, hizo algo absolutamente extraordinario: caminó sobre un cable entre las Torres Gemelas, sin arnés ni red, a cuatrocientos diecisiete metros de altura.

Si has visto el documental sobre él —ganador de un Óscar— sabrás que todo comenzó seis años antes, en una visita al dentista. En una revista de la sala de espera vio un artículo sobre la construcción del World Trade Center y se fijó su objetivo. Comenzó a ahorrar haciendo malabares callejeros en París hasta que pudo comprar el billete a Nueva York; y, una vez en Manhattan, empezó un largo trabajo de campo, entrando clandestinamente en las torres todavía sin ocupar para preparar su hazaña.

Llegado el día, tras lanzar el cable de una torre a otra con un arco —ayudado por su novia y unos amigos que se sumaron al acto de «rebeldía artística», como lo llamaron—, permaneció cuarenta y cinco minutos literalmente en el aire. Anduvo en uno y otro sentido, se arrodilló, se tumbó y saludó a las nubes mientras cientos de personas iban aglomerándose a sus pies.

¿Cómo lo hizo? Desde luego, no estaba pensando en otra cosa. En su mente no quedaba espacio para el pasado ni para el futuro. Solo para este paso. Y luego este otro. Y el siguiente. En ese momento no pensaba en impresionar, ni en batir un récord. Solo pensaba en estar allí.

El funambulismo no es desafiar a la muerte, es abrazar el presente. Cuando Petit camina por el cable, cada paso es el universo entero. Si piensa en caer, cae. Si piensa en la gloria, cae. Solo puede pensar en el punto de apoyo de este preciso instante. Solo existe el ahora.

Durante uno de los cruces, una ráfaga de viento lo desequilibró. Los policías gritaban desde las ventanas, su improvisado público lo miraba con pánico. Pero él no reaccionó al ruido ni al miedo. Simplemente volvió a su respiración, al cable, a su pie. Ni tan siquiera luchó contra el viento. Lo escuchó. Lo integró. Y siguió caminando.

Esta historia extrema nos muestra cómo la vida —que también avanza haciendo equilibrios— se sostiene cuando estás presente en lo que haces, sin distracciones ni anticipación. Y si esto se puede lograr a medio kilómetro sobre el suelo, ¿cómo no vamos a lograrlo aquí abajo?

La maravilla de estar presente

¿Alguna vez te han presentado a alguien y, al cabo de un minuto, ya no recordabas su nombre? Posiblemente no le has prestado atención. Estabas más pendiente de decirle el tuyo o de fijarte en cómo iban vestidos los demás asistentes a la fiesta. El ego hace que no estemos presentes... y el mundo no ayuda. Casi todo el rato está vendiéndonos algo. Eso, cuando no alimentamos la distracción nosotros mismos, dando por hecho que podemos atender varias cosas al mismo tiempo.

Pero no podemos.

«Quien persigue dos conejos, no caza ninguno», reza el proverbio. Es cierto que el cerebro humano es capaz de realizar dos tareas al mismo tiempo, pero siempre que su complejidad no sea muy alta: cocinar mientras ves la televisión, ordenar tus libros mientras escuchas música, charlar mientras caminas por el monte... Pero no mientras buscas setas. Esto es, podemos hacer dos cosas a la vez, pero no podemos concentrarnos en ambas al mismo tiempo. Y si llevamos a cabo dos acciones de forma mecánica, sin prestar atención, en realidad no estaremos haciendo bien ninguna de las dos.

Cristina Benito, la mujer que tengo a mi lado hace más de tres décadas y autora de *Time Mindfulness*, un método sobre cómo mejorar tu relación con el tiempo, lo tiene claro: la dispersión empobrece el tiempo.

En una de sus «12 leyes del tiempo» declara que la multitarea nos procura la ilusión de que estamos en muchos sitios, pero en realidad no estamos en ninguno de ellos. Además de ser agotador para la atención, emprender varias cosas a la vez nos impide poner el foco en lo verdaderamente esencial.

He ahí la falacia de la multitarea en la empresa. Esa forma de actuar no te convierte en una persona más eficaz y completa. Lo que realmente estás haciendo es obligar al cerebro a saltar de una cosa a otra a velocidad de vértigo, con lo que disparas tu estrés y reduces tu capacidad de respuesta. Tal vez de primeras te parezca que produces más, pero no es sostenible.

A la productividad saludable solo se llega a través de la atención.

Con todo, el sistema nos empuja y nos dejamos llevar. Piensa en cuántas personas, mientras abren el correo de su móvil, te dicen:

—No te preocupes, tú sigue hablándome que te estoy escuchando.

¡Y les parece tan normal! Es como decirte que con un poquito de su atención ya te vale; cuando, además, no te están prestando ninguna.

Por eso, cuando alguien se sale de la norma y dedica su atención al aquí y al ahora, entregándose al otro con generosidad, desprende un brillo especial. Tiene «una gran presencia», aseguramos. Lo cual no tiene nada que ver con gastarte una fortuna en trajes de marca que poco van a conseguir si no te trabajas por dentro.

Mejor que pasar por El Corte Inglés, practica la escucha activa.

En tu siguiente conversación con tu pareja, compañero de trabajo, hija o amigo, mientras esta persona te hable, limítate a escuchar lo que dice. No le interrumpas ni te anticipes pensando en cuál va a ser tu respuesta hasta que termine. Tampoco repases conversaciones anteriores que hayáis tenido, ni dejes que te invadan pensamientos sobre asuntos ajenos a lo que estáis tratando, como esa llamada que tienes que hacer o la película que verás esta noche.

Este ejercicio multiplicará tu capacidad de atención y, de regalo, tu carisma. En lugar de intentar que quien tienes enfrente te considere la persona más interesante del planeta, conseguirás que él o ella se sienta la persona más interesante del planeta.

Y entonces sí que brotará la magia de la conexión verdadera.

Atención es excelencia

Son muchas las historias, más aterrizadas que la del funambulista Petit —y no quiero hacer un chiste con lo de aterrizadas—, que muestran cómo la atención es una palanca de excelencia en el día a día de cualquier trabajo.

Una de mis profesoras le dijo en una ocasión a una alumna:

—Me he dado cuenta de que últimamente estás menos sonriente. No hace falta que me digas nada, solo quiero que sepas que estoy aquí.

La joven, años después, le escribió una carta que comenzaba: «Fue la primera vez en meses que alguien me vio de verdad. Y quiero que sepa que ese gesto me empujó a terminar la carrera». Lo «único» que había hecho esa mujer era prestarle su atención.

Pero si hay alguien que ha marcado un antes y un después en esta disciplina es la doctora Rachel Naomi Remen. Esta especialista en enfermedades crónicas trató durante años a pacientes de cáncer con poca esperanza de vida y descubrió algo esencial: curar no siempre es posible, pero acompañar con presencia sí que lo es.

Rachel cuenta que, mientras pasaba consulta a una mujer muy enferma, un día en el que estaba mentalmente agotada y pendiente de la lista de pacientes que le quedaban para terminar la jornada, aquella le reprochó:

—Doctora, ¿usted está aquí conmigo ahora?

En ese instante recibió un golpe de conciencia. Entendió que, aunque su cuerpo estaba allí, su mente vagaba perdida muy lejos.

A partir de entonces, comenzó a practicar algo que llamó medicina de la atención. Se focalizó en estar presente con cada paciente, aunque solo dispusiera de unos minutos. Cambió su práctica pasiva y empezó a escuchar, mirar, tocar, respirar con el otro. Y los resultados fueron tan espectaculares que fundó un programa educativo, The Healer's Art —El arte de curar— que hoy se enseña en facultades de Medicina de todo el mundo.

> Más importante que lo que haces,
> es dónde está tu mente cuando lo haces.

Quizá pienses: «Para unos pocos minutos que disponía con cada paciente, como les pasa a todos los médicos, no vale la pena». Esto es un error muy común. Estamos acostumbrados a considerar el tiempo en términos de cantidad, cuando lo importante es su calidad. Los griegos tenían dos palabras para definir el tiempo: *kronos*, que representaba el tiempo cronológico que se mide en horas, minutos y segundos; y *kairós*, que representaba el tiempo de calidad, ese tiempo ajeno a las manecillas del reloj que se vive en plenitud porque estás entregado a la experiencia.

En el caso de Rachel, se entregó a la experiencia de escuchar, que es la palanca definitiva en toda relación personal o profesional.

Ante este reto, puede que te surja la pregunta del millón: ¿cómo lo consigo? ¡El vampiro del caos interior me ataca! ¿Cómo mantener el foco en el presente cuando mi mente agitada está en todas partes menos aquí y ahora?

Calma las aguas

Escribo estas líneas en el AVE, regresando a Madrid tras un taller que he impartido a un grupo de directivos en Galicia. En un momento dado, mientras hablábamos del caos interior, uno de ellos me ha dicho:

—Te aseguro, Andrés, que, hagas lo que hagas, no conseguirás parar mi mente. Va siempre a mil por hora.

Como no podía ser de otra forma, he aceptado el reto y, en menos de diez minutos, esta persona ha experimentado durante unos segundos un fascinante vacío mental. ¿Ha sido difícil? ¡En absoluto! Han bastado unas respiraciones enfocadas a activar el nervio vago y una sencilla dinámica que luego compartiré contigo. No solo él, los demás asistentes también han disfrutado de esos instantes en los que no vienen pensamientos y nos sentimos en la gloria.

—Qué lujo… —ha reconocido.

Y yo le he explicado que calmar la mente no es un lujo, ni tan siquiera es una opción. Es una obligación, porque es la única forma de salir adelante en este mundo loco.

La mente es como el mar: cuando está agitado, las aguas se vuelven turbias. Así resulta imposible distinguir nada. Sin embargo, las aguas de un mar en calma siempre son cristalinas, ya que el sedimento, aunque sigue ahí, se apelmaza en el fondo.

Y necesitamos este estado de calma para analizar con acierto el entorno —y a nosotros mismos como parte de él—, prestar atención a lo importante y tomar las decisiones correctas.

Como ves, esto no es un tema exclusivo de yoguis y lamas tibetanos. Es fundamental para cualquier persona porque las opciones de triunfar y ser felices surgen aquí y ahora. Ni en pasados que ya no existen ni en futuros idílicos que jamás llegarán si no actuamos en el presente.

Para propiciar ese estado de lucidez, voy a proponerte unos ejercicios de atención plena. Pero antes, dediquemos un minuto a ese último adjetivo: plena.

La atención, para la psicología y neurociencia, es la capacidad de tu mente para seleccionar y concentrarte en ciertos estímulos —internos o externos— mientras ignoras otros. Funciona como un filtro que organiza la enorme cantidad de información que recibes, y te permite dar prioridad a lo que es importante para ti en cada instante.

Dando un paso más allá, la atención plena —también denominada con el anglicismo *mindfulness*— es un estado de conciencia que te permite observar con claridad el instante completo que estás viviendo, sin que tus juicios o creencias velen la fotografía. Sus beneficios demostrados: reducción del estrés, mayor regulación emocional, mejor memoria, más creatividad y resiliencia...

Utilizando una metáfora que me encanta, la atención sería el foco de un teatro que ilumina a un solo actor y deja todo lo demás en penumbra; y el estado de atención plena sería como si, de pronto, subieran al máximo todas las luces de sala: desde el centro del patio de butacas ves al elenco completo de actores, sus gestos de complicidad, cada rincón del escenario con los detalles del decorado, y hasta los rostros y ropas del público que te acompaña. No juzgas, simplemente eres capaz de observar todo lo que tienes delante con suma claridad.

Con los siguientes ejercicios vamos a preparar tu mente para que, cuando se enfrente a un momento complicado, como puede ser un conflicto en el trabajo o una mala noticia en tu casa, no se agiten las aguas, suban todas las luces del teatro y puedas ver las opciones acertadas para salir adelante.

Medita en el súper

Si quieres desarrollar la atención plena, sin duda es una buena opción practicar meditación clásica, según los cánones de silencio y entrega profunda de los antiguos maestros. Pero los microhábitos que voy a proponerte son meditaciones informales.

Lo de informales no quiere decir hacerlos de cualquier manera, sino que puedes aprovechar cualquier momento. Muchos te pedirán menos de dos minutos y no necesitarás ni conocimientos previos, ni una instrucción guiada, ni sentarte en la posición del loto. Se trata de meditar dentro del flujo de tus actividades diarias.

Empecemos por algunos ejemplos:

- Si estás en la cola del súper, en lugar de darle vueltas a ese comentario que tu vecino hizo sobre ti en la reunión de la comunidad de propietarios, vuelca toda tu atención en un solo estímulo, como el pitido que hace la caja registradora cuando pasan los códigos de barras.
- Si estás conduciendo en un trayecto que haces todos los días, en lugar de dejar que la cabeza divague (tanto, que cuando llegas a tu destino no eres capaz de decir por dónde has pasado), concéntrate en mirar con atención cada señal de la carretera, incluso las que indican los accesos a catedrales o ruinas celtíberas.
- Si estás esperando a alguien, en lugar de coger el móvil para matar el tiempo, dedica tu atención a buscar formas en las nubes (lo cual, además, es una buena forma de reconectar con la naturaleza, fuente de vida y, así, de entusiasmo).

Como le he dicho al directivo de Galicia, es obvio que no basta con hacer estos ejercicios una vez; has de convertirlos en un hábito. Lo bueno es que, a medida que los integres en tu vida, irás educando tu cerebro para que, por sí mismo, se enfoque en cualquier acción que desarrolles.

El maestro zen Ejo Takata decía que cuando comía, comía y cuando dormía, dormía.

Esta es la meta.

Y, hablando de comer, otra propuesta que yo mismo practico: cuando desayunes, concéntrate en el crujir del pan tostado, en la temperatura del café o la bebida que tomes, en la sensación de placer que experimentas cuando entra en tu cuerpo. Durante un minuto, no pienses en lo que vas a hacer cuando termines ni en todo lo que tenías que haber hecho el día anterior. El cerebro tiende a pensar: «¡Esto es una pérdida de tiempo, mejor aprovechar este rato para programar la jornada!». Y por supuesto que organizar la agenda es muy útil, pero también lo es dedicar algún minuto únicamente a estar en el instante y disfrutar de él.

Practicar ejercicios de atención plena no es perder el tiempo, es ganarlo.

Estos microhábitos tan simples harán que estés mucho más despierto y puedas dedicar tu energía a lo que vale la pena. Hay mil maravillas delante de ti que están esperando a que las veas y te entusiasmes con ellas.

El juego del Génesis

Vayamos ahora con una rutina semanal un poco más estructurada, pero igual de sencilla. La llamo el juego del Génesis porque va de construir en siete días un nuevo mundo… interior.

1. El lunes, lo único que has de hacer es pensar en tu propia respiración. En tres momentos distintos, toma conciencia de que el aire entra y sale de tus pulmones, de que gracias a ese acto mecánico te mantienes vivo y existes en este momento.
2. El martes, sé consciente de algunas acciones que realizas repetidamente y a las que no sueles prestar atención. Por ejemplo: cada vez que te laves los dientes o camines dentro de la empresa para ir al cuarto de baño, hazlo sin dejarte llevar por la inercia, ni perderte en pensamientos de pasados o futuros. Toma conciencia de que cada acción que llevas a cabo es lo único que existe en ese momento.
3. El miércoles, sé consciente de los detalles de tu entorno. Cuando subas al bus, observa el estado del asiento, el bigote del conductor, la ropa de la persona que está a tu lado. No lo juzgues, no lo valores. Tan solo siéntete parte de ese entorno, que es el único que existe en ese momento.
4. El jueves, abstráete algún rato de ese entorno exterior y observa tu interior. Mientras vayas en el bus —por seguir con el ejemplo—, aíslate de los ruidos del motor y las con versaciones de los pasajeros, y sé consciente de lo que ron-

da por tu cabeza: las personas que echas de menos, las canciones que te resuenan, los recuerdos que te generan placer o malestar. Observa ese universo personal, que es el único que existe en ese momento.

5. El viernes, pregúntate qué sobra o falta en tu universo personal. Pero de nuevo sin juzgar, sin buscar causas a tu desgracia ni obsesionarte con cómo tendrían que ser las cosas.
6. El sábado, introduce algún pequeño cambio en tu jornada, para tomar conciencia de tu capacidad de influir en el entorno. Sirven las cosas más insignificantes. Si entras en la cafetería donde te tomas el capuchino mientras lees el periódico y está ese camarero con el que nunca has hablado, dale tu opinión sobre una noticia e interésate por lo que piensa.
7. Y el domingo a descansar, como hizo el dios del Antiguo Testamento. Pero cuando descanses, no lo hagas por vagancia o pereza, sino con plena conciencia.

Te sugiero que repitas este ejercicio tantas semanas como sea preciso hasta interiorizar los microhábitos y convertirlos en rutina. Pero, sobre todo, no te juzgues durante el proceso. Sigue tu ritmo. De salida, cada cerebro parte de un estado diferente. Si estás pasando un período de estrés, estas prácticas te vendrán de maravilla para atenuarlo, pero les costará un poco más echar raíces.

Y si en algún momento te entra la prisa por obtener resultados, siempre puedes pronunciar dos palabras mágicas que me traje de Madagascar:

Mora mora.

La primera vez que recorrí esa isla fascinante buscando escenarios para mi segunda novela, hice una ruta en *taxi-brousse*, unas furgonetas de transporte colectivo. La mía tenía ocho plazas, pero no habían temblado al encajar a doce viajeros y tres gallinas. Me tocó medio asiento pegado a un malgache —este es el gentilicio del país— que, abrazado a un maletín, no dejaba de entonar canciones de Robbie Williams y contarme historias en un inglés decente sobre las costumbres del lugar.

Yo no estaba atravesando mi mejor momento creativo. Había vendido muchos ejemplares de mi ópera prima y no tenía claro qué escribir a continuación, por lo que mi estrés —sumado al que ya de por sí me producía el trabajo simultáneo de abogado— estaba en un récord histórico. Caos interior sin cuartel, centrifugadora cerebral a máximas revoluciones.

Después de algunas horas, nos detuvimos en un pueblo de carretera para repostar. Bajé con el resto para estirar las piernas y el malgache del maletín me informó:

—El conductor ha dicho que aprovechemos para comer.

—De acuerdo, pero ¿cuándo saldremos? —le pregunté, buscando un reloj.

—*Mora mora* —contestó.

—¿Cómo?

—*Mora mora* —repitió mientras me apaciguaba con las palmas de las manos—. ¡Tranquilo!

—Yo estoy muy tranquilo, amigo —mentí. Y le dediqué una sonrisa cordial—. Solo quiero saber cuándo saldremos.

Y él, dibujando un gesto de incredulidad, resolvió:

—Pues después de comer.

En un primer momento me entró la risa, pero pronto advertí la profunda enseñanza que aquella expresión llevaba implícita. «Tranqui, tranqui», podría traducirse. No te dejes llevar por la ansiedad. Una cosa después de la otra, y siempre estando a lo que estás.

Si te acostumbras a decirte *mora mora* al primer síntoma de agobio, te darás cuenta de la cantidad de veces que vamos apurados por la vida. Y con percatarte de ello ya tendrás la mitad del problema resuelto.

Para terminar la batería de ejercicios, sin perjuicio del trabajo sostenido que te recomiendo llevar a cabo, quiero compartir contigo tres remedios exprés para recuperar tu atención ante situaciones clásicas del día a día laboral.

Remedios exprés de mindfulness *en el trabajo*

1. Para concentrarte. Si estás despistado y necesitas volver a focalizarte en tu tarea, la mejor forma de regresar al presente es utilizar la cuenta atrás. Siéntate cómodamente, cierra los ojos, respira hondo y empieza a contar muy despacio desde diez hasta cero. Si en algún momento la mente se te va hacia otro lugar y genera pensamientos diferentes a los números decrecientes, deja que se esfume ese diálogo interno y vuelve a empezar desde el diez.

2. Para prepararte antes de una reunión. Si quieres estar al cien por cien y reaccionar con agilidad, antes has de vaciarte de todo ruido mental que pueda confundirte. Para ello, escoge uno de los objetos que tengas sobre la mesa y obsérvalo con atención durante un par de minutos. Puede ser una grapadora, un lápiz o el ratón. Míralo como si lo vieras por primera vez, analiza su forma, los materiales y piezas que lo componen, su color y su textura. No pienses en su utilidad o en si te gusta o no; solo piensa en cómo es en este instante.

3. Para rebajar el estrés. En este caso, utiliza los dos minutos para observarte a ti mismo. Siéntate con la espalda recta, escanea tu cuerpo desde los pies hasta la cabeza y ve relajando los músculos que estén en tensión. Desconecta el piloto automático y siente de forma consciente cómo el aire entra y sale de tus pulmones, nota los latidos de tu corazón. Observa si poco a poco vas bajando las revoluciones; si no es así, identifica tus reacciones de forma imparcial, sin juzgar tus pensamientos. No te enfrentes a ellos, tan solo regresa a tu respiración una y otra vez.

Una sabrosa inspiración

Con tanto hablar de que «cuando como, como» y del pan crujiente del desayuno, se me ha abierto el apetito. Así que cerremos este capítulo con el cocinero con tres estrellas Michelin Massimo Bottura, cuya Osteria Francescana ha sido nombrada dos veces mejor restaurante del mundo.

¿Sabes cómo lo ha conseguido? Entre otras cosas, gracias a su capacidad de entrar en *flow* mientras cocina: prestando atención absoluta al ahora, a cómo influye cada ingrediente concreto en este instante concreto de la preparación.

En una entrevista, Bottura contó una curiosa experiencia. Llevaba horas trabajando en silencio a pesar de que, en principio, no tenía entre manos nada espectacular: tomates, pan seco, aceite. Pero en un momento dado, explicó:

—Todo empezó a hablarme. La textura del pan, el olor del tomate, el sonido del cuchillo. Yo solo tenía que escuchar.

Estaba tan entusiasmado que no notó que habían pasado tres horas —recuerda que uno de los beneficios del *flow* es que pierdes la noción del tiempo… en el mejor sentido. Te fundes con la tarea de tal forma que desaparece el pasado y el futuro—. Así que, cuando salió, sus ayudantes pensaban que se había desmayado. Pero él sonrió y dijo:

—Estaba ahí. Nada más.

Y nada menos.

Seguro que ese día nació uno de sus platos icónicos, lo cual no sería casualidad.

Estudios de Jon Kabat-Zinn y Judson Brewer —referentes del *mindfulness* en el mundo occidental— demuestran que la atención plena, además de reducir el estrés, potencia la creatividad y aumenta la conexión con los sentidos.

Este es también el secreto del funambulista Petit. Él dice que no desafía a la muerte, se entrega a la vida. A través de la atención ha alcanzado el equilibrio, no solo sobre el cable, sino también en su interior.

—Siento que ni siquiera envejezco —explica—, cada vez tengo más creatividad y posibilidades, mi arte se beneficia de toda una vida. Pero lo que no ha cambiado es que me entusiasmo con cualquier cosa. Será porque no dejo de hacer bromas y travesuras, porque cultivo el niño que llevo dentro.

De esto también hablaremos en el decálogo, para cerrar este libro y abrir una nueva forma de vivir.

Pero lo que toca ahora es conocer la tercera A de la pila.

Acción

La vida de Bernard Shaw, premio nobel de literatura irlandés, es una lección de entusiasmo sostenido por la acción. Sus principios fueron lo más opuesto a un camino de rosas, pero su inextinguible fuego interior le empujaba a aprender, crear y decir todo lo que pensaba sin perder nunca el humor, por muy poca gracia que tuviera su situación.

Nació en el seno de una familia pobre de Dublín, con un padre alcohólico y escasas oportunidades. A los veinte años se mudó a Londres con una maleta en la que no había dinero ni contactos, pero sí un firme propósito: convertirse en escritor. No fue tarea fácil. Durante más de una década, sus novelas fueron rechazadas una y otra vez por todas las editoriales importantes… y por las no tan importantes. En trece años de intenso trabajo, nadie quiso publicarle un mísero relato.

Pero en lugar de tirar la toalla, Shaw fue llenando páginas un día tras otro. «Una vida dedicada a cometer errores no solo es más honorable, sino más útil que una vida dedicada a no hacer nada», se decía a sí mismo.

Y su estrategia —que la tenía, como cualquier persona o empresa que termina triunfando— no se quedaba ahí. Mientras trabajaba en lo que fuera para ganar lo justo para subsistir y seguir escribiendo, se educó de forma autodidacta en bibliotecas, se apuntó a debates públicos donde entrenó su mente y oratoria, y se convirtió en crítico teatral para acercarse a personas que le inspiraban y podían brindarle oportunidades.

«La vida no consiste en encontrarse a uno mismo, sino en crearse a uno mismo».

Con esta inspiradora frase explicaba que practicar las adecuadas rutinas de desarrollo —personal y profesional— genera más rendimientos que el talento. Escribió diarios, reseñas y una obra tras otra sin dejar que el fracaso temporal le definiera. Aprendió de cada no, en lugar de permitir que los vampiros de la queja, el caos interior y el miedo le chuparan la energía y lo paralizaran. Y jamás traicionó su integridad moral e intelectual —en breve hablaremos de la importancia de ser fiel a tus valores—.

Finalmente, lo que tenía que pasar, pasó. Con treinta y ocho años estrenó su primer éxito de taquilla, *El hombre y las armas*, y a partir de entonces su fama fue subiendo hasta ser considerado uno de los dramaturgos más brillantes de su generación.

Esto me recuerda a la enseñanza del bambú. Teniendo en cuenta que alcanza treinta metros de altura en un solo mes, podría decirse que es el árbol que crece a mayor velocidad. Imagina: un metro al día, cinco centímetros por hora. Si te sientas frente al primer brote y miras con atención, asistes a su desarrollo en tiempo real. Pero si plantas en tu jardín unas semillas traídas de China y esperas que eso ocurra de inmediato, lo único que crecerá será tu decepción y frustración. ¿Es debido al clima diferente, al tipo de tierra o de agua? No. ¿A tu poca experiencia como agricultor? Tampoco. De hecho, estás haciendo lo único que hay que hacer: regarla. ¿Qué ocurre entonces? Que esta sabia planta está creciendo hacia abajo.

Durante sus siete primeros años de vida, el bambú se dedica a forjar la profunda red de raíces que, después, le permiten llegar al cielo. Ha de esperar el tiempo necesario, pero, cuando llega el momento, ninguna dificultad lo detiene.

Su flexibilidad, además, le permite adaptarse a escenarios que otras plantas de tronco grueso no soportarían. Pero sus principales virtudes son la paciencia y la perseverancia.

Volviendo al autor irlandés, acabó escribiendo más de sesenta obras de teatro, recibió el Premio Nobel de Literatura... y ni en ese discurso dejó de bromear, haciendo alusión a las siete veces que había sido nominado:

—Puedo perdonar a Alfred Nobel por haber inventado la dinamita. Pero solo un alma realmente malvada habría creado el Nobel de Literatura.

E incluso ganó un Óscar por adaptar su obra *Pigmalión* al cine —un guion que, décadas después, inspiraría el clásico *My Fair Lady*—.

Con todos esos reconocimientos en la mano, tras preguntarse cuál había sido la clave de su éxito, declaró:

—El entusiasmo es el motor de las almas lúcidas. Los demás solo caminan por costumbre.

Las cinco preguntas de la perseverancia

El conocimiento por sí solo no cambia el comportamiento. Tras la aceptación que te hace libre y la atención que te conecta con el instante, necesitas entregarte a la acción, que te acerca a los resultados.

Y no hablo de una acción aislada, por muy potente que sea el intento. Me refiero a la acción firme y sostenida.

No le llego a Bernard Shaw a la suela de los zapatos, pero tengo en común con él una cosa: todos los días, viendo los miles de palabras que me quedan por delante, le hago frente a la tentación del desánimo. Cada libro es una maratón. Y lo mismo pasará con tus novelas vitales, es decir, con aquello que vives. Por eso espero que te resulte reveladora la historia de la doctora Angela Duckworth, la mujer que sufría porque no tenía talento.

Angela es hija de un brillante científico y siguió sus pasos académicos, pero durante mucho tiempo fue una mujer frustrada. Estaba convencida de que jamás conseguiría nada reseñable, ya que carecía de ese genio especial reservado a unos pocos afortunados como su padre. Paradójicamente, fruto de esta decepción consigo misma, un buen día se lanzó a investigar para encontrar un patrón de comportamiento común a toda la gente exitosa, que plasmó en su superventas *Grit*, y su vida cambió para siempre.

Estudió a niños y adultos que triunfaban en diferentes contextos que exigían un desafío: colegios, empresas, la academia militar de West Point... Y descubrió que el secreto de quienes superaban las pruebas no estaba en su marco familiar, ni en su estado de salud ni en el hecho de ser más o menos privilegiados físicamente. Ni tan siquiera en su cociente intelectual o —aquí llegó su revelación— en el ansiado talento. Todo ayuda, y hay que aceptar que algunas personas tienen el camino más allanado que otras, pero Duckworth descubrió que los ingredientes comunes a todas las historias de éxito eran la pasión y, sobre todo, la perseverancia en metas a muy largo plazo.

Esto es, la capacidad para esforzarte al máximo en el presente, pensando en una meta futura.

Entusiasmo en estado puro.

Has de ser capaz de luchar a muerte contra el cansancio o la apatía de hoy, a sabiendas de que no vas a obtener la recompensa a corto plazo. O, más bien, sabiendo que cada paso que das en tu propio camino es la verdadera recompensa. Porque es fácil entregarse a la tarea cuando ves el final; cualquiera saca fuerzas de flaqueza para el *sprint* final. Pero solo unos pocos mantienen ese ritmo cuando te azota la incertidumbre o falta mucho para alcanzar tu objetivo.

Dicho esto, una vez más toca bajar el concepto a tierra con herramientas prácticas. Y te propongo que, cuando sientas que no puedes más y tu mente empiece a buscar excusas baratas para estancarte, te formules cinco preguntas. Las mismas que yo utilizaba en los principios de mi aventura literaria, al volver a casa tras las largas jornadas en el despacho, y me ayudaban a avanzar sin que se apagase mi entusiasmo.

LAS CINCO PREGUNTAS DE LA PERSEVERANCIA

1. ¿POR QUÉ MI PROYECTO ES TAN IMPORTANTE PARA MÍ? Porque quiero ser más libre / porque la tarea me acerca a mi sueño / porque me llena de energía...

2. ¿QUÉ PASO MÍNIMO PUEDO DAR AHORA MISMO? Escribir un solo párrafo / hacer cinco minutos de ejercicio...

3. ¿CÓMO PUEDO HACER QUE HOY ME RESULTE MÁS DIVERTIDO O INTERESANTE? Poner música / hacerlo en un lugar distinto / retarme con un temporizador / involucrar a alguien más...

4. ¿CÓMO ME SENTIRÉ CUANDO LO HAYA HECHO? Aliviado / satisfecho / orgulloso / más próximo a mi meta...

5. ¿QUÉ HE LOGRADO COMPLETAR HASTA LA FECHA? Llegado a este punto, sea cual sea la respuesta, muestra gratitud por estar andando ese camino. Y concédete un pequeño premio —ver un capítulo de una serie que te gusta / dar una vuelta por el barrio— por el simple hecho de haberte parado a contestar estas cinco preguntas.

SIEMPRE FIEL A TUS VALORES

Como decía un viejo anuncio de ruedas Pirelli —lo protagonizaba el corredor Carl Lewis, en posición de salida con zapatos de tacón de aguja—: «La potencia sin control no sirve de nada». En nuestro caso podríamos decir: «La acción sin valores no sirve de nada».

Para prender tu entusiasmo y mantenerlo encendido, es importantísimo filtrar todas tus acciones a través de tus valores, los faros vitales de los que ya hemos hablado en el capítulo de la motivación. Son la brújula que te ayuda a tomar decisiones difíciles. Y, además, te aportan paz interior. Si los traicionas, quizá engañes a los demás, pero nunca te engañarás a ti mismo. Los valores son tu tabla de salvación, la forma de no hundirte en un mundo ya suficientemente plagado de superficialidad e impostura.

Me encanta una inspiración de Susan David, doctora sudafricana autora de *Agilidad emocional*, que dice algo así como:

> Regresa a tus valores. A pesar de que las circunstancias te puedan haber quitado parte del poder y de las posibilidades de actuación, siempre puedes elegir quién quieres ser.

Define qué es importante para ti. ¿Cómo quiero actuar en estos tiempos complicados? ¿Cómo quiero tratar a los demás? Y háblalo con tu familia o compañeros de equipo. ¿Cómo queremos ser?

Los valores nos definen más que nuestros logros. No somos lo que conseguimos o tenemos, sino cómo llegamos hasta ahí.

Y esta máxima también opera cuando intentas vender algo a un cliente. Las relaciones —sean de amor, amistad o trabajo— se basan en la confianza, algo que solo se construye a partir de la coherencia entre lo que predicamos y lo que hacemos.

Tal vez estés pensando: «¡Nunca me he planteado cuáles son mis valores!».

Ciertamente, definirlos es más propio de las empresas. Muchas tienen en su página web un listado con sus respectivas explicaciones... aunque en ocasiones terminen siendo meras palabras bonitas para aparentar, un triste postureo.

David Tomás, autor de *La empresa más feliz del mundo* y ponente en el programa universitario que dirijo, suele poner el ejemplo a Enron, una corporación energética de Texas que empleaba a más de veinte mil personas en 2001. Sus valores corporativos eran, nada más y nada menos: respeto, integridad, comunicación y excelencia. ¿Verdad que te gustaría trabajar allí? Pues has de saber que todo el comité de empresa acabó en la cárcel después de montar un clamoroso fiasco financiero. Alteraron la contabilidad para ocultar deudas y aumentar artificialmente las ganancias, lo que llevó a la empresa a declararse en bancarrota y a la pérdida de miles de empleos y de los ahorros de sus inversores. Por el mismo precio, el escándalo se llevó por delante a la consultora Arthur Andersen, cómplice en el fraude y que, apuesto, también tendría valores superinspiradores en su manifiesto.

Cuando fijes los tuyos, que sea para respetarlos y actuar de forma coherente con ellos. Y si necesitas ayuda, siempre puedes echar un vistazo a los de personas que te resulten inspiradoras. Para empezar, puedes probar con un clásico: Benjamin Franklin, quien lo pone fácil porque relacionó las trece virtudes que lo catapultaron al éxito. Entre ellas —con la descripción literal del político estadounidense— estas cinco:

1. Orden. Que todas tus cosas tengan su sitio, que todos tus asuntos tengan su momento.
2. Diligencia. Ocúpate siempre en algo útil y corta toda acción innecesaria.
3. Tranquilidad. No te molestes —ni molestes a otros— por nimiedades o por accidentes comunes o inevitables.
4. Frugalidad. Gasta solo en lo que traiga un bien para otros o para ti, sin desperdiciar nada.
5. Determinación. Resuélvete a realizar lo que deberías hacer; y realiza sin fallas lo que resolviste.

Yo mismo tengo estos principios presentes en mi día a día; si bien, en mi caso, tendría que añadir algún otro enfocado a la forma en la que me relaciono con las personas que me acompañan en el camino de la vida.

Otra cuestión a tener en cuenta: los valores pueden variar con el tiempo.

Imagina que hace poco que tienes pareja. Vuestra relación podrá construirse a partir de valores como la autenticidad o la buena comunicación. Hagas lo que hagas, en ese momento lo peor que puedes hacer es fingir ser otra persona o callar cualquier inquietud. A medida que pase el tiempo, aunque los anteriores valores sigan estando ahí, puede que pasen a primera línea otros como la confianza; o la adaptabilidad y corresponsabilidad si media el nacimiento de un bebé.

Lo mismo ocurre en el mundo corporativo. Si la empresa está en fase de emprendimiento, podrían ser la innovación o la humildad; mientras que, si se trata de un negocio tradicional, quizá haya que tener más presentes el sacrificio, el respeto o la excelencia.

Lo importante es que aquellos que escojas sirvan a tu propósito —esta maravilla de palabra con la que comenzaremos el decálogo del entusiasmo— y guíen todas y cada una de tus decisiones.

Ejercicio práctico para las organizaciones o familias: celebra reuniones periódicas para conceder «medallas de valores». Mostrad reconocimiento a personas concretas por acciones concretas que supongan un compromiso con vuestros principios. Preguntaos: ¿quién y en qué momento ha actuado con mejora continua, con ternura, con lealtad, con actitud positiva y de servicio, con empatía? Esta práctica, además, activa una brillante espiral de gratitud.

En el caso de Bernard Shaw, entre otros muchos valores ya apuntados, podríamos destacar la generosidad. Cuando ganó el Nobel pidió que el dinero del premio se usara para promover traducciones literarias. Consciente de que el amor por la literatura le había conducido al éxito, esa decisión era más coherente que gastárselo en lujos mundanos o en otra bicicleta, que por cierto usaba porque le encantaba sentir el viento en el rostro. Y es que otro de sus principios fue seguir un estilo de vida natural. Vegetariano convencido, en su casa de campo en Ayot St. Lawrence (Hertfordshire) cuidaba un gran jardín y escribía en una cabaña giratoria que se movía para seguir el sol y aprovechar su luz.

Esto es lo más bonito de tener valores genuinos, que dirigen cada una de nuestras acciones sin que nos demos cuenta. Y, si no, mira la preciosa historia del niño que construyó un pozo en la otra cara del globo.

Dame un entusiasta y moveré el mundo

Kenia y Tanzania se llevan las divisas extranjeras del turismo en la región central de África, pero, como decía Churchill, Uganda siempre será la perla del continente. Las cataratas Murchison salpican la verde espesura. En el parque, además de los codiciados leones, leopardos, elefantes, búfalos y rinocerontes, también puedes ver chimpancés y gorilas de montaña. Los *big seven*, juntos en un único lugar. Hoy, los amantes de la naturaleza caminan con seguridad por su idílica orografía, pero no siempre fue así.

Jamie nació en Angolo, junto a la reserva. Carecían de agua potable, por lo que en su familia siempre había alguien enfermo. Con seis años, cada madrugada iba y venía tres veces a un pozo situado a seis kilómetros de su casa para que al menos tuvieran algo que beber. Después no le quedaban fuerzas para ir a la escuela.

Al mismo tiempo, en el otro extremo del mundo, Nancy Prest, una maestra canadiense, contaba a sus alumnos de primaria el drama que sufrían muchos niños africanos por la falta de agua, mientras que en su colegio de Ontario ellos tenían un grifo en cada pasillo. Ryan, un niño rubio y de gesto amable, levantó la mano y preguntó cuánto costaría construir un pozo para un pueblo ugandés. A su maestra, para salir del paso, se le ocurrió decir: setenta dólares.

Indignado porque ningún mayor se ocupase de ello, Ryan pidió el dinero a sus propios padres. Estos le propusieron que hiciera trabajos domésticos para ganarlo. Ningún problema, pensó. Creía que, pasando la aspiradora unos cuantos días, iba a conseguir agua para todos los niños del mundo. Cuando reunió el dinero, acudió a una ONG en la que le descubrieron la cruda realidad: construir un pozo costaba dos mil dólares.

—Ya has hecho más que la mayoría —le consolaron sus padres—, deja tu pequeña contribución y olvídalo.

—De eso nada —respondió él.

Primero convenció a sus compañeros para que vendieran sus cromos de Pokémon y, poco a poco, fue involucrando a más gente a través de los medios de comunicación, que se hicieron eco de su desafío, hasta que logró recaudar esa cantidad.

Sus propios vecinos pusieron un bote para comprarle un billete a Uganda, de modo que pudiera asistir a la fiesta de inauguración del pozo. Allí conoció a Jamie —a quien los padres de Ryan adoptaron al enterarse de que la guerrilla lo había dejado huérfano—, y también se dio cuenta de que su labor no había hecho más que empezar.

En la actualidad dirige la Ryan's Well Foundation, con la que ha construido más de mil pozos y cambiado la vida de más de un millón de personas.

—No hay nada especial en mí —afirma—. Fue el proyecto lo que resultó ser extraordinario. No hay que tener miedo a entusiasmarte con un ideal. Jamás tengáis reparo a actuar para conseguir vuestros sueños.

Qué regalo de declaración. Entusiasmo y acción, dos palabras que siempre van unidas… como conectadas están ambas a la palabra resultados.

Frente a lo que parece imposible, no escondas tu entusiasmo. Compártelo y contágialo a los demás. Como dice Ryan:

—Los héroes que salvan al mundo son gente como mis vecinos, que me permitían cortarles el césped como excusa para darme un donativo. Ya tengas dieciséis o sesenta años, piensa siempre como un niño de seis y grita: ¡esto me entusiasma, así que voy a hacer todo lo que esté en mi mano para conseguirlo!

Vas a vivir cuatro mil semanas

Estoy leyendo un libro de Oliver Burkeman llamado *Cuatro mil semanas. Gestión del tiempo para mortales*, que es ni más ni menos el tiempo que suele vivir un ser humano. ¿A que visto así te parece poquísimo? De eso se trata, de espabilar.

Burkeman expone que la esperanza media de vida del ser humano es ridículamente breve... Los primeros pobladores aparecieron hace 200.000 años y se calcula que la vida tal y como la entendemos ahora durará aproximadamente 1.500 millones de años más, hasta que el sol se caliente tanto que acabe con el último ser del planeta. Pero nosotros, en este momento, como seres humanos viviremos unas cuatro mil semanas únicamente.

«A la larga, estamos todos muertos», concluye Burkeman. Lo importante es preguntarnos qué podemos hacer entretanto.

Yo te propongo: frente al miedo, acción.

Lo cual no quiere decir que hayas de ir siempre a mil por hora.

El entusiasmo es energía en movimiento. Lo comparamos con una llama, con el fuego. Pero esto no tiene nada que ver con la hiperactividad sin freno. Recuerda: *mora mora*.

> El fuego del entusiasmo no es un incendio desbocado; es una hoguera serena que invita a vivir.

Al igual que pasa en la música, donde los silencios hacen que las notas tengan sentido, el entusiasmo también necesita su dosis de no pensar, de no hacer, de no producir. La pausa no es una enemiga de la perseverancia... siempre que hablemos de pausa consciente.

En el programa Chief Happiness Officer que dirijo en UNIR Universidad, cada lunes por la mañana comparto con mis alumnos un microhábito de bienestar que van incorporando en su día a día en un proceso de crecimiento progresivo. Y si hay uno del que hablan maravillas, por sencillo y revelador, es la pausa activa.

Necesitamos parar dos minutos cada dos horas para vaciarnos de ruido y recuperar la atención. Y cuando digo parar no me refiero a consultar las redes sociales y llenar la mente de *spam*, sino a parar por completo y de forma consciente. Las redes no están mal en sí mismas, pero no sirven para este fin. Una buena opción sería aprovechar para hacer una meditación informal.

Estos brevísimos descansos, frente a lo que podría parecer, nos ayudan a mantenernos concentrados, dado que el cerebro funciona mejor con períodos de productividad y concentración más cortos. A mediados del siglo XX, el psicólogo Nathaniel Kleitman descubrió que nuestro ciclo del sueño tiene picos y valles de aproximadamente una hora y media en los que varía entre profundo y ligero; y, dando un paso más, propuso que, cuando estamos despiertos, la mente sigue un ritmo semejante: fases de mayor a menor energía y atención que se repiten a lo largo del día.

En los talleres de liderazgo, más de una vez me han dicho:

—Andrés, si yo te entiendo, pero, cuando me meto en la oficina, no tengo tiempo para nada que no sea trabajar.

Y suelo contestar:

—Si crees que no tienes dos minutos, es que necesitas cuatro.

Dicho esto, tal vez sea el momento de detenernos un par de minutos... para después lanzarnos con todo a por la primera palanca del decálogo del entusiasmo.

Pero antes, hagamos un resumen de lo aprendido.

El mantra de la triple A

A modo de síntesis, voy a ofrecerte una extensión del mantra.

Pero antes voy a contarte una última anécdota viajera que integra la aceptación, la atención y la acción. Puede decirse que fue en ese momento, mientras me documentaba para mi quinta novela en 2012, cuando tomó forma la pila triple A tal y como te la he explicado.

Aquel año viajé en dos ocasiones a Brasil, el país que había escogido como escenario. Primero recorrí las localizaciones de selva entre el Amazonas y río Negro, donde conviví con una familia de Manaos que se dedicaba a pescar caimanes. Pero aún me impresionó más la siguiente escala: una favela de São Paulo llamada Vila Brasilândia clasificada como «a medio pacificar».

El día que llegué me acompañaba Isabela, una asistente social con la que había contactado. Condujo cerca de dos horas por atascos de la capital hasta que nos plantamos a los pies de la colina de ladrillo y chapa. Dejamos el coche junto a un puesto de frituras y enfilamos escaleras arriba, serpenteando entre chabolas hacia la vivienda donde iba a alojarme.

Todos los callejones parecían sin salida, pero al final se abrían pasos inverosímiles que nos permitían seguir penetrando en la colmena. Imponía respeto, pero tiraba de mí el hechizo de lo desconocido, ese canto de sirena que hacía tirabuzones entre la ropa tendida y el cableado eléctrico que colgaba enmarañado.

A medio camino, Isabela llamó con los nudillos a la puerta metálica de una santera. Quería que la conociera porque podía servirme de inspiración... Y no se equivocó.

Mamá Santa me recibió con un abrazo cariñoso, como si me conociera de toda la vida. El castañeteo de sus collares de conchas acompañaba a la canción que salía de una radio: «Todo pasa, todo siempre pasará, la vida viene en olas como el mar». Me pareció una buena banda sonora para el barrio.

Nos sentamos a charlar en un sofá desvencijado.

—En esta favela hay gente que trabaja duro por la libertad y la paz, buscando alternativas saludables para los jóvenes —explicó, mirando a Isabela con orgullo—, pero todos sabemos que no es tarea fácil. El Estado prefirió apartar la vista del extrarradio y el narcotráfico ocupó su lugar. Si vas a quedarte unos días, ya te habrán dicho que prestes atención. Hay zonas por las que no debes pasar.

—Pero vamos saliendo adelante —apuntó Isabela para tranquilizarme.

—Porque cada vez somos más los que hemos decidido caminar hacia el mañana por las callejuelas más limpias de la favela, aunque también sean las más empinadas. Te aseguro que estas piernas de Salvador de Bahía pueden soportar todos los escalones que haga falta. —Se dio unos cachetes en su propio muslo y rio a gusto—. Todo el que se asoma a este barrio, piensa: «Esta gente no tiene futuro». Y precisamente por eso vale la pena esforzarse, porque tienen razón y está todo por hacer. ¿Qué puede haber más emocionante? ¡Solo podemos ir a mejor!

Pensé que, como decía Sócrates —y no me refiero al jugador de la selección de fútbol brasileña, de la que había una foto en un estante—, para cambiar las cosas tenemos que concentrar toda nuestra energía no en luchar contra lo viejo, sino en construir lo nuevo.

—Acción, esa es la clave —resumí, complacido.

—Pero antes de echar a andar, no olvides lo que te he dicho antes: escoge bien por dónde vas. La favela, como la vida, está llena de recovecos oscuros, pero siempre encuentras una bombilla que te alumbra el camino.

Sin saberlo, Mamá Santa había ordenado la triple A de la pila.

Antes de nada, Aceptación. Abrazaba con naturalidad y sin dramas su precaria situación. Indignada, pero nunca victimizada.

En segundo lugar, Atención. Era consciente de que, antes de lanzarse a construir su futuro, debía poner su foco en el ahora para divisar las opciones, escoger la más acertada y trazar un plan.

Y, para terminar, Acción. Se responsabilizaba de actuar con todo lo que estaba en su mano, y siempre en consonancia con sus valores.

Como decían sus vecinos del Amazonas, no mueres por caer al río; mueres por no salir. Y ella agitaba los brazos con un entusiasmo que me marcó para siempre.

ACEPTACIÓN

Lo que ocurre en la vida es lo que es; lo que hago con ello es lo que soy. Me libero de mitos y comparaciones y abrazo mi situación con gratitud. Aparcar el victimismo me hace libre.

ATENCIÓN

Las opciones de prosperidad vagan por el caos que me rodea. Mantengo la calma para escoger la que más me conviene en este instante, el único que existe. Cierro los ojos y respiro hondo; los abro y asumo un nuevo reto.

ACCIÓN

Actúo ahora para perseguir mi reto, dando pasos grandes o pequeños, pero siempre hacia adelante. Bajo ningún concepto traiciono mis valores. Me detengo para vaciar y poder llenar de nuevo.

DECÁLOGO DEL ENTUSIASMO

Ha llegado el momento de compartir diez palancas para cultivar y sostener tu entusiasmo. Para que las interiorices, utilizaremos la propia palabra como acrónimo:

E – Encuentra un propósito
N – Nutre tu cuerpo y mente
T – Tonifica tu lenguaje
U – Utiliza el humor
S – Sigue tu propio camino
I – Invita a personas entusiastas a comer
A – Aplaude con ganas
S – Sonríe porque sí
M – Mueve tus caderas
O – Observa el mundo con ojos de niño

Cada capítulo incluirá diversos microhábitos, pero, antes de empezar con el entrenamiento, un par de consejos.

El primero: ten paciencia.

Ya he mencionado en capítulos anteriores que no cabe apresurarse. Como me dijeron en Guinea Ecuatorial, la virtud de la naturaleza es la paciencia. Una barca varada, envuelta por la vegetación, se convierte de nuevo en selva. Tarde o temprano, si no se interfiere y se trabaja con calma, todo alcanza su verdadero ser. Y nosotros hemos nacido entusiasmados y se trata de volver de forma natural a ese maravilloso estado.

No es necesario que tengas preparación previa en desarrollo personal. Y, si la tienes y te suenan mis diez propuestas, tampoco pasa nada. Como dicen los japoneses, ninguna taza de té es igual que la anterior; y, si por casualidad hubiera dos iguales, serás tú quien habrás cambiado.

Cada microhábito está pensado como parte de un sistema y con un fin específico, así que lánzate a practicarlos con curiosidad: por lo que sientes, por las posibilidades que te abrirán, por lo que irás descubriendo de ti.

Así se llama, Curiosity, una de las misiones marcianas de Adam Steltzner, responsable de aterrizajes en el planeta rojo para la NASA. Este apasionado científico, conocido por entusiasmarse y mantenerse sereno incluso en las situaciones más extremas, suele decir:

—La ingeniería espacial no teme a lo desconocido, lo abraza. Me asomo con curiosidad a lo que otros llaman problemas.

Esta actitud lo ha encumbrado. El aterrizaje de su robot en Marte en 2012 se conoce como los «siete minutos de terror». Durante ese tiempo, atravesó la atmósfera a veintiún mil kilómetros por hora, desplegó el paracaídas, separó el escudo térmico, encendió los cohetes y bajó el aparato a la superficie con cables que cortó con unas guillotinas… ¡después de comprobar la presión de los neumáticos! Y todo esto, con un retardo de información con la Tierra de varios minutos en los que, mientras su equipo se desesperaba porque no sabían cómo iban las cosas, él lo pasaba bien.

Siguiendo el ciclo del entusiasmo, la curiosidad de Adam le permite ver como una oportunidad lo que otros calificarían de locura; y, gracias a ello, es capaz de actuar sin que el vampiro del miedo le chupe la energía. Tiene presente que se ha preparado durante años para ese momento y que está haciendo todo lo que está en su mano. Solo le queda disfrutar del proceso y hacer historia.

Esto enlaza con mi segundo consejo: disfruta.

Etimológicamente, disfrutar significa gozar plenamente de algo. Y para ello necesitas estar en lo que estás. Cuando te sumerjas en el decálogo, despréndete de las creencias de lo que ya sabes o de lo que piensas que vas a aprender. Dedícate, simplemente, a estar ahí, explorar, jugar.

Henri Nouwen, autor de más de cuarenta libros sobre espiritualidad, nos recuerda que el disfrute no surge porque sí, como tampoco se experimentan sin más la alegría o el gozo. Es necesario escoger la opción de disfrutar. Cada día. Con toda tu intención.

> La fuerza de voluntad es importante,
> pero la fuerza del disfrute es esencial.

Así de rotundo se expresa Santandreu, a quien ya he citado páginas atrás. Es preciso activar la diversión en todo lo que hacemos.

Está bien levantarse a las seis de la mañana para correr y contarlo al llegar al trabajo: «Soy un fiera, ¡siete kilómetros antes de desayunar!». Ahí hay un montón de fuerza de voluntad, y sin duda tiene mérito. Pero para que los kilómetros sean realmente productivos, además, ha de haber disfrute. Unos lo obtendrán corriendo en solitario y otros jugando en grupo, todo vale mientras se genere esa emoción.

Tengo amigos que, después de dos horas yendo de aquí para allá con el equipo de futbito los viernes por la tarde, lo único que quieren es alargar el partido un rato más. ¿Cómo es posible? Porque disfrutan una barbaridad... a pesar —diría algún aficionado al ajedrez— de que encajar el balón en la red apenas requiere de cuatro movimientos: corro, me pasan, controlo, golpeo. Realmente eres tú quien lo hace divertido.

Esta es la fuerza del disfrute que has de llevar a tu vida cotidiana, en la que tienes un amplio surtido de movimientos con los que desafiarte, mejorar y pasarlo bien. Y cómo no, a la práctica de los microhábitos del decálogo. Yo te los paso, tú los controlas, golpeas y ¡gol!

Verás cómo disfrutamos haciendo historia, como Adam y su Curiosity. Y es que, para marcar un antes y un después, no hace falta llegar a Marte. Lo conseguimos con cada pequeña acción enfocada a que seamos una persona más completa.

«Soñamos con viajes a través del universo, pero ¿no está el universo dentro de nosotros? —escribía el poeta Novalis—. Desconocemos las profundidades de nuestro espíritu. El camino secreto se dirige hacia el interior. En nosotros, y en ninguna parte más, están la eternidad y sus mundos, el pasado y el porvenir».

E
Encuentra un propósito

«Los dos días más importantes de tu vida son el día en que naces y el día en que descubres para qué», escribió Mark Twain.

Dándole otra vuelta de tuerca, podríamos decir: el día que descubres el propósito que te guía empiezas realmente a vivir. Pero ¿qué es exactamente el propósito, este concepto del que tanto se habla?

Es un fin superior a ti mismo que da sentido a todo lo que haces en la vida, y así te sirve de motor y de faro. Ser una buena madre; mantener una empresa que da de comer a muchas familias; o, si tengo una frutería con productos de kilómetro cero, hacer que mis clientes lleven una vida más saludable.

Además de servirte de brújula para enfocar tus acciones, el propósito te impulsa a ejecutarlas. Funciona como una fuerza que te pone en movimiento y te ayuda a superar los obstáculos. Y, por supuesto, es una fuente de entusiasmo porque sabes que estás en el camino correcto.

Apuesto a que, cuando despiertas y pones los pies en el suelo, más de una mañana te preguntas: «¿Para qué demonios voy a salir al mundo, con todo lo que me pide a cambio?». El problema es que no tienes opción de volver a enrollarte entre las sábanas como una momia, y pueden ocurrir dos cosas: que tengas respuesta a la pregunta o que no. Si careces de ella, echas a andar como un alma en pena que solo busca sobrevivir. Pero si sabes cuál es tu propósito, asumes que el esfuerzo vale la pena y puedes empezar a entusiasmarte.

El autor de la famosa cita con la que he comenzado lo experimentó en sus propias carnes. Twain nació en 1835 en el seno de una familia modesta de Misuri. Cuando tenía once años, su padre falleció y tuvo que dejar la escuela para ponerse a trabajar. Durante mucho tiempo vagó entre diferentes oficios —desde aprendiz de impresor hasta minero— con la supervivencia como único motor. Pero todo cambió el día que se convirtió en timonel de un vapor que surcaba el Misisipi.

El río era movimiento, narrativa. Este período le aportó identidad, lenguaje y una visión profunda de las personas con las que convivía. Empezó a observar el mundo con ojos nuevos y se planteó contarlo en formato de novela. En ese instante empezó a gestar su propósito; y, por primera vez, experimentó el poder de un entusiasmo que se tradujo en obras como *Las aventuras de Tom Sawyer* o *Las aventuras de Huckleberry Finn.*

Lo que volcó en el papel no fueron solo novelas juveniles, sino retratos críticos y compasivos del alma humana. Para entonces, su propósito se había definido por completo: usar el humor y la ironía para revelar verdades incómodas sobre la sociedad de su tiempo.

Me resulta muy inspirador que el seudónimo Mark Twain —su verdadero nombre era Samuel Langhorne Clemens— fuera un homenaje a su época de marinero fluvial. Los tripulantes encargados de medir la profundidad del Misisipi con una cuerda plomada usaban esa expresión, «Mark Twain», que en inglés arcaico significaba 'marca dos'. Con ello indicaban al timonel que el agua tenía una profundidad de dos brazas —la mínima para que pudiera pasar el barco— y era posible navegar con seguridad.

Tal vez, para el escritor, ese nombre respondía a su propósito de guiar a los lectores con profundidad por las aguas de una sociedad turbulenta. De lo que no hay duda es de que, cuando tienes un propósito, es más fácil que llegues a buen puerto.

* * *

Esta conclusión está avalada por la ciencia. Un reciente metaanálisis —un estudio de estudios que referencio en la bibliografía— publicado en *Journal of Clinical Psychology* ha confirmado la relación entre tener un propósito vital y la reducción de los trastornos comunes de salud mental, como la ansiedad y la depresión.

En concreto, los investigadores Ishida y Okada —entre tantos otros mencionados en este revelador trabajo— descubrieron que si tienes un propósito poco definido eres más sensible a padecer estrés. O a la inversa: si tienes un propósito más claro disfrutas de una mejor gestión emocional.

Yendo a lo que hoy nos interesa, el megaestudio también declara el efecto positivo del propósito sobre la motivación:

> Tras un análisis exhaustivo que abarca más de cincuenta años de medición del propósito en poblaciones clínicas y sanas de diversas edades, podemos concluir que tener un propósito ayuda a las personas a sentir que sus vidas tienen significado, coherencia y un hilo conductor constante, lo cual fomenta la adaptabilidad para navegar los desafíos y facilita el comportamiento enfocado.

Ello corrobora el ciclo del entusiasmo. Desde la actitud, pasando por cómo percibimos la realidad y la emoción que aflora, definimos nuestro comportamiento.

Quizá estés pensando: «De acuerdo, Andrés, me convences, ¡pero yo no tengo un propósito que propicie esa actitud de entusiasmo!».

Es normal. En mis formaciones, siempre hay alguien que me transmite esta preocupación. Y yo le digo:

Solo con que te lo estés planteando, ya tienes la mitad del camino andado.

A este respecto, el estudio citado declara que el mero hecho de reflexionar sobre el propio propósito puede proporcionar un amortiguador a corto plazo de los marcadores de estrés. Esto es, para empezar a disfrutar de sus beneficios ni siquiera es necesario haber encontrado el tuyo. Basta con que te dediques a buscarlo.

Así lo anticipó hace décadas Viktor Frankl, autor de *El hombre en busca de sentido*, un libro magnífico donde explica cómo fue capaz de superar los horrores de los campos de concentración nazis. Este conocido psiquiatra decía a sus pacientes:

—Si no tienes un propósito, yo te doy uno: a partir de ahora, tu propósito es buscar tu propósito.

El austriaco sabía bien que el propósito es una necesidad básica del ser humano tan importante como comer. Y para que termines de interiorizar el concepto, voy a contarte una historia en la que es un perro quien se come al propósito.

* * *

Cuando vivía en Londres, una amiga traductora me invitó a su fiesta de cumpleaños. Esperaba un ambiente muy literario, pero lo que encontré fue un grupo de gente diversa debido a que el vínculo de casi todos los asistentes era que llevaban a sus perros al mismo parque. Así que, mientras tomábamos unas pintas, fui hablando con un diseñador de moda, un editor, un DJ… Todos muy modernos.

En un momento dado, se me acercó una chica turca. Parecía mucho más discreta que el resto, pero, sin embargo, desprendía un brillo especial. Después de presentarnos, le conté que una editorial de Estambul acababa de traducir uno de mis libros y ella exclamó:

—¡Yo también estoy entusiasmada, porque siempre he querido ser repostera y acabo de conseguir mi primer cliente!

Le pedí que me enseñase una foto de la tarta, pensando que iba a ser de muchos pisos, como para llevar a Buckingham Palace. Pero la que me mostró era bastante normalita, una especie de bizcocho con cobertura azulada. Y ahí no acababa la cosa: había cortado la mitad y la había tirado al suelo, donde se la estaba comiendo un perro.

—¿No te parece increíble? —exclamó.

Yo pensé: «Bueno, increíble sí que es». Y entonces me explicó:

—¡He elaborado la primera tarta «perrihumana» del mundo! ¡Es sabrosísima para los humanos y al mismo tiempo tolerable para los perros! ¿Sabías que a estos animalitos les afecta gravemente el azúcar y otros ingredientes de los pasteles convencionales? ¡Pero no los que yo utilizo! Hasta ahora había galletitas y otros dulces que podían consumir los perros, pero mi tarta es para ser saboreada por ambas especies.

Podía resultar un poco friki, para qué voy a negarlo, pero también era conmovedor, envidiable, contagioso. Aquella mujer tenía un propósito claro: integrar más aún a los perros en la vida de los humanos. Y, gracias a la energía que generaba este propósito, sin duda conseguiría sacar adelante su negocio de repostera. Desprendía tanto entusiasmo que yo, que no tengo perro, estuve a punto de encargarle una docena de tartas. Y, por supuesto, pasé toda la noche hablando con ella, olvidándome por completo del resto de invitados y de sus glamurosas vidas.

Si hay algo que conecta es el fuego interior.

* * *

Te habrás fijado que al cerrar la historia de mi amiga turca he diferenciado entre su propósito superior —mejorar la vida de los perros— y su meta personal —ganarse la vida como repostera canina—. Lo he hecho con intención para dejar clarísimo que son dos cosas diferentes.

En mi caso, mi propósito es emocionar e inspirar. El vender muchos ejemplares de mis libros o dar muchas conferencias son metas… que se han cumplido gracias a tener claro el propósito superior que da sentido a todo esfuerzo y sacrificio. Más de una vez he dicho que escribiría mi libro más gordo, aunque fuera a hacer feliz a un solo lector.

Deja que el rey Pirro, gran conquistador de Epiro en la Grecia antigua, nos haga de maestro improvisado para explicar esta dualidad.

Se cuenta que paseaba un día meditabundo por los jardines de su palacio cuando un filósofo de la corte, que estaba sentado a la sombra de un olivo, le preguntó qué le ocurría. El rey contestó crispado:

—¡Estoy urdiendo un plan para conquistar todo el Peloponeso!

—Muy noble, señor —asintió el filósofo—. Y después, ¿qué haréis?

—¡Después conquistaré toda Roma!

—¿Y después?

—¡Después, el resto del mundo!

—¿Y después?

El rey, confundido, dijo:

—Yo qué sé… descansar.

El filósofo sonrió y repuso con cariño:

—Si se trata de descansar, ¿por qué no os sentáis aquí conmigo y nos dejamos de tanto trajín?

Pirro se forjó un montón de metas, pero le faltaba un propósito que las dotase de sentido. Al carecer de una dirección clara, sus acciones comenzaron a volverse erráticas. Conquistó y conquistó, pero jamás descansó. Una mañana, tras haber ganado una batalla más que no le conducía a ningún sitio, perdió la vida después de que una anciana le lanzase una teja a la cabeza desde un balcón.

Pero su declive había empezado mucho antes: el día que dejó de ser un guerrero todopoderoso para convertirse en un mercenario esclavo de sus propias metas, una forma de vida que nunca acaba bien.

Yo nací en 1969, dos mil doscientos ochenta y ocho años después del rey Pirro y poco después del *baby boom*. Por aquel entonces la cosa no estaba para tirar cohetes, lo cual impulsó a mi generación a la cultura de la seguridad económica. «Haz Derecho, que es una carrera segura». «Invierte en un videoclub, que es un negocio seguro». Ya ves... Esta forma de encarar la vida condujo a muchas personas a la frustración. En lugar de preguntarse qué querían hacer con sus vidas, enfilaban hacia metas supuestamente seguras que, además de ser tan inciertas como las demás, les provocaban una dolorosa falta de identidad.

Después llegó una generación que tenía las palabras «Wall Street» tatuadas en la frente y se dedicó a acumular una meta tras otra. Se trataba de tener más y más, de satisfacer a un ego que soñaba con arrojar billetes desde la proa del yate, como Leonardo DiCaprio en aquella película. Al igual que el rey Pirro, por mucho que tuvieran, siempre ansiaban más. Carecían de un propósito superior que les inspirase y les sirviera de motor y de faro... y su cáncer fue el agotamiento.

Sin embargo, la motivación de las generaciones actuales es muy diferente. En lugar de soñar con películas ajenas de ficción, buscan protagonizar en plenitud cada fotograma de «su propia» película, la real, la cotidiana, una en la que el esfuerzo que entreguen tenga sentido. Hoy en día el sueldo ha dejado de ser su principal fuente de motivación. Reclaman formas de retribución que vayan más allá de lo material. Y, en concreto, reclaman propósito.

Según el *Workplace Happiness Report* publicado por la plataforma de formación Udemy, un 62 % de los trabajadores estarían dispuestos a recortar su salario a cambio de trabajar en una compañía con la que compartan valores y misión.

¿Qué nos enseña esta encuesta a quienes nacimos antes? Que el dinero es una recompensa y un medio para conseguir otras cosas, pero no puede ser el fin último de nuestros actos. De hecho, está probado que los billetes que recibimos a fin de mes solo nos motivan hasta cierto punto, como explican estos datos curiosos extraídos de la revista *IESE Business School*:

— La falta de dinero nos genera insatisfacción; pero a partir de una cantidad no demasiado elevada, el ganar mucho más no te hace ni una pizca más feliz.
— Desde el punto de vista emocional, las subidas y bajadas de sueldo no dan lugar a una reacción equivalente. A poco que nos bajen el sueldo, nos enfadamos mucho más de lo que nos alegramos cuando nos lo suben.
— Nos motiva más la variación que la cantidad. Esto es, nos motiva más un sueldo que crece cada año que uno que se mantiene igual a lo largo de varios años, por alto que sea.
— La falta de motivación transcendente no se arregla con un aumento de sueldo. Y, en sentido contrario, si disfrutas de un propósito alineado con el de tu empresa, trabajas más motivado, aunque percibas un sueldo más bajo.

A pesar de todo, siempre hay quien dice: «Eso del propósito es para el que se lo puede permitir, yo he de pagar las facturas y dedicarme a sacar adelante mis tareas del día a día».

Esta frase es errónea por dos motivos.

Primero, porque todos los seres humanos, sea cual sea nuestro momento vital, hemos de preguntarnos qué hacemos aquí, cuál es el sentido de nuestra existencia, a qué dedicamos sudor y lágrimas. Sin un propósito, el tiempo deja de tener sentido porque el mañana será igual de vacío y falto de sentido que el hoy.

Y segundo, porque, para pagar esas facturas y alcanzar nuestras metas, necesitamos forjarnos un propósito superior a nosotros mismos. Es la única forma de generar el entusiasmo que nos hace superar los baches y disfrutar del camino.

* * *

Para terminar, es importante comprender que los propósitos no tienen por qué ser épicos.

La cosa no va de erradicar el hambre o crear una cura contra el cáncer —que por supuesto son propósitos loables, pero al alcance de muy pocos—. Recuerda la anécdota del pollo asado. El encargado del horno sabe que sus clientes no van al restaurante solo a comer, buscan compartir una experiencia grata con sus familias en un día de fiesta. Por eso su propósito es hacerlos felices, no dorar bien los pollos para que repitan a la semana siguiente. Esto último es una meta y una consecuencia natural de tener el propósito claro.

En este ejemplo se vislumbra la triple motivación que suele impulsarnos: extrínseca —sueldo, beneficios—, intrínseca —aun cuando la tarea sea mecánica, siempre puedes poner el foco en ejecutarla con atención y cariño para conseguir una mejora continua— y trascendente —asociada al propósito, que surge cuando hacemos algo que sirve a un tercero—.

Francesc Miralles, mi hermano espiritual y compañero en mil aventuras, coescribió uno de los libros más importantes que existen sobre el propósito: *Ikigai*, que ha influido en millones de lectores. Y recientemente ha publicado junto con Álex Rovira *Homo Solver*, en el que también incide en la necesidad de encontrar un sentido superior a nosotros mismos.

Para estos dos referentes mundiales del desarrollo personal, la pregunta del millón es ¿cómo lo encuentro? Y concluyen que la vía es el autoconocimiento.

«¿Quién soy? Esta es la verdadera madre del cordero», afirman. Has de conocerte bien para no definirte ni comportarte según etiquetas que otros te pongan; para saber cuáles son tus dones y prioridades; y, así, para saber qué es aquello que dota a tu vida de sentido.

Parafraseando la novela de Jules Verne, los viajes al centro de uno mismo no solo te aportan un retrato de quién eres, sino que te dan pistas sobre quién puedes llegar a ser. En otras palabras, te ayudan a clarificar tu propósito.

Cerremos esta primera palanca del decálogo del entusiasmo con los ejercicios que Francesc y Álex proponen para culminar con éxito esta búsqueda. ¡Feliz viaje al centro de ti!

TRES CAMINOS PARA DESCUBRIR TU PROPÓSITO

Escribe episodios de tu propia vida para entenderte mejor, o incluso lleva un diario de emociones para reconocer y modular lo que sientes día a día.

Si no te gusta mucho redactar, puedes hacer lo que se conoce en *coaching* como la línea de la vida. Para ello empieza trazando una línea horizontal con una cruz en el medio, que se corresponde a tu «aquí y ahora». A la izquierda situarás los grandes eventos de tu pasado; a la derecha, los hitos que te gustaría conquistar en el futuro, poniendo más próximos al ahora tus proyectos inmediatos, y luego los planes a medio y largo plazo.

Una variante de esta representación gráfica de la vida es la llamada técnica del árbol. En las raíces se colocan los principales acontecimientos del pasado; en el tronco, lo que define tu presente; y en las ramas, los frutos futuros.

N
NUTRE TU CUERPO Y MENTE

Si quieres vivir con entusiasmo, necesitas nutrir el cuerpo y la mente. Es la única forma de generar la energía limpia que precisas para sostener la atención y la acción.

¿Significa eso que has de practicar sofisticadas dietas o pasarte al veganismo? Si lo consideras apropiado para ti y lo contrastas con tu médico, todo estilo de vida saludable es fantástico, pero lo que te sugiero es algo mucho más básico: no metas basura dentro de ti. Ni en tu estómago ni en tu cabecita.

Sadhguru utiliza la siguiente metáfora: si no te limpias los dientes, tu boca huele mal. A pesar de que tienes la nariz justo encima a dos centímetros, no te das cuenta. ¡Pero el resto del mundo sí lo advierte! Y con la limpieza interna pasa lo mismo. Si no te cuidas por dentro y limpias tus prejuicios, obsesiones, quejas —al fin y al cabo, toda la basura que dejan tus vampiros—, aunque no seas consciente, tu mal olor se manifiesta.

Recuerda que hay dos tipos de personas en el mundo; y nadie quiere en su mesa a alguien que huele mal.

Empecemos por limpiar el cuerpo.

* * *

Entre las certeras reglas para la vida del psicólogo y autor superventas Jordan B. Peterson se encuentra la de cuidarte como cuidarías a alguien que depende de ti.

Piénsalo: si te dedicas a cuidar a tus hijos y a tus mayores con toda la responsabilidad del mundo, ¿qué sentido tiene que no hagas lo mismo contigo? Por ello has de preguntarte: ¿Qué estoy haciendo para estar al cien por cien y poder salir adelante?

Muchas personas que se someten a este ejercicio se dan cuenta de que cuidan mejor a sus mascotas que a sí mismas. Tal vez porque no se sienten realizadas en algún aspecto, llevan a cabo un autosabotaje que comienza por alimentarse de forma deficiente.

Sobre todo, en tiempos difíciles, que es cuando deberíamos llevar la vida más ordenada que nunca, hacemos justo lo contrario: romper las rutinas y tratar peor nuestro cuerpo. «¿De verdad voy a repetir donuts para desayunar? Pues sí, porque para un gusto que puedo echarme al cuerpo, con la vida tan aburrida que llevo... ¡Pensándolo bien, en lugar de uno, me como tres!».

Conste que la cosa no va de torturarse ni de ganar la medalla al espartano del año. Cuando toca premio, toca. Está bien comerte una *double bacon cheeseburger* con tu sobrina después de ver juntos cómo su grupo favorito pasa a la final de Eurovisión. Pero no empieces a meter en tu cuerpo carne ultraprocesada cualquier martes de febrero tan solo porque «he tenido un día terrible y me lo merezco».

Lejos de darte un gusto, cuando metes basura en el cuerpo, reduces tu capacidad de respuesta a los problemas. Bajo el parche de ese instante de falso bienestar anida la culpa y la decepción. Es precisamente en los días terribles cuando más has de cuidarte para estar al cien por cien y recuperar el control.

Y en términos de entusiasmo, date cuenta de que la energía del éxito no flota en el aire: se expresa a través del cuerpo y depende de su buen funcionamiento para sostenerse.

Aquí tienes tres motivos para nutrirlo como es debido:

1. Fisiológico. El cuerpo es tu fábrica de entusiasmo. La producción de neurotransmisores como dopamina, serotonina y endorfinas está estrechamente vinculada a una buena nutrición —y también al ejercicio regular y a un descanso adecuado, de lo que hablaremos en otra palanca del decálogo—. Un cuerpo agotado, inflamado o sedentario no disfruta de las condiciones óptimas para generar un estado entusiasta.
2. Psicológico. Cuerpo y mente forman un solo sistema. Tu estado físico afecta directamente a tu estado emocional. Como recuerda el neurocientífico António Damásio, no hay emoción sin cuerpo. Los sentimientos son mapas mentales del cuerpo. Cuando el cuerpo está apagado, el mapa también se oscurece.
3. Experiencial. El entusiasmo es movimiento, presencia. Se vive en el cuerpo, en cómo te levantas, cómo hablas, cómo ríes, cómo miras. Si el cuerpo está rígido, contracturado o apagado, el entusiasmo no encuentra vía de salida. El simple acto de moverte con intención, respirar profundo, caminar al sol o bailar sin juicio puede reavivar el fuego interior. Volveremos sobre esto más adelante.

Por todo ello, más allá de cultivar la dieta mediterránea, puedes incorporar microhábitos tan sencillos como concentrarte en la masticación lenta —lo cual no deja de ser un ejercicio de atención plena que redunda en otros beneficios emocionales— o beber agua varias veces al día.

¿Te parece obvio? ¡Por supuesto que lo es, pero es que los seres humanos tenemos la rara tendencia de obviar lo obvio!

Dediquemos un apartado a la bendita agua.

* * *

El cuerpo humano está compuesto en un 60 % de agua. En concreto, la piel contiene un 70 %, el cerebro un 75 %, la sangre un 80 %, los pulmones un 85 % y los ojos un 95 %.

¿Todavía te preguntas por qué, cuando no bebes de forma regular, se reduce tu claridad mental, disminuye tu capacidad de atención y memoria a corto plazo o se incrementa tu fatiga?

Hace un par de años, en una ruta que hice desde el desierto de Atacama en Chile hasta el salar de Uyuni en Bolivia, sufrí un ataque de mal de altura. A diferencia de otro que me azotó en Tíbet, un cuarto de siglo atrás, en esta ocasión no me dolía nada, pero no podía comer ni beber una mísera gota de agua porque de inmediato la echaba fuera.

Tras un par de días en esa situación, si no me llegan a enchufar en vena un par de bolsas de suero en una pequeña clínica rural, tal vez no habría llegado a escribir este libro. Pero para deshidratarte y notar los efectos nefastos en tu estado emocional y comportamiento no hace falta cruzar cordilleras, ni siquiera correr medias maratones. Puede que te esté ocurriendo en este mismo momento sin que te des cuenta.

Entre los múltiples estudios que se han publicado, la Universidad de Connecticut prueba que una leve deshidratación de entre el 1 % y el 2 % ya provoca una caída notable del rendimiento cognitivo y, aquí viene lo que más nos interesa, del estado de ánimo. Antes incluso de sentir sed, experimentamos más irritabilidad, apatía o desgana. Entusiasmo cero. «Es que no sé qué me pasa», decimos. La respuesta: que hace rato que no has bebido agua.

Si esperas a tener sed, puede ser demasiado tarde.

Por el contrario, cuando tu cuerpo está bien hidratado, se reducen tus niveles de cortisol —la hormona del estrés— y se favorece la producción de dopamina y serotonina, asociadas al bienestar y motivación.

Aparte, por supuesto, de que el agua ayuda a mantener una temperatura corporal estable, facilita la eliminación de toxinas y potencia tu metabolismo energético, lo que se traduce en más ligereza física, más vitalidad y más ganas de actuar. Cada vaso de agua te prepara para entusiasmarte.

Un *tip*: si quieres fundir dos microhábitos en uno, cada vez que vayas a beber, tómatelo como un ritual de presencia y atención plena. Disfruta conscientemente del momento, sintiendo cómo el agua desciende por tu garganta hacia el resto del cuerpo.

Y otro par de recomendaciones que sirven tanto para este como para cualquier otro microhábito que quieras incorporar en tu agenda: póntelo fácil y hazlo apetecible. En este caso, ten siempre agua cerca mientras trabajas, para beber antes de que se te empiecen a pegar los labios; y, para asociarlo con un momento de disfrute, añade unas gotas de limón o una hoja de menta.

Yo tomo el primer vaso nada más despertar. Algunos días, dos. Como todos los microhábitos saludables, una vez lo has interiorizado, no hay vuelta atrás.

Veamos ahora cómo nutrir la mente.

* * *

Después de catorce libros publicados, tengo la gran fortuna de tener amistad con varios periodistas que me abren con generosidad sus micrófonos y libretas para que hable de mis criaturas. Pero cuando escribí *Incertidumbre positiva*, alguno me echó la bronca —con cariño— por lo que decía en la página 43:

> Cuando la incertidumbre nos asfixia, ¿qué es lo primero que hacemos al despertar? Escuchar o leer las noticias, lo cual puede ser muy destructivo. Imagina que tu cerebro es un cachorro de mascota. Seguro que lo despertarías con arrumacos, no con titulares sobre animales abandonados o sobre cómo sufren los cobayas de los laboratorios.

Con esto —reía luego con ellos— no estaba recomendando no leer periódicos. Lo que sugería a continuación era no hacerlo nada más abrir el ojo y, además, evitar la búsqueda compulsiva de noticias terroríficas.

Veamos por separado estas dos propuestas.

Los primeros minutos del día son un regalo que has de aprovechar. Y la forma de hacerlo no es coger el móvil cuando todavía estás en posición horizontal e inundarte de impactos que te enfrentan al mundo o —si donde entras es en las redes— de juicios y comparaciones que cuestionan tu identidad y destruyen tu autoestima.

Hacer eso es lo mismo que arrancar el coche y echar a andar con el freno de mano puesto. Puede que avances, pero será forzado, sin fluidez, y con el entusiasmo gripado.

Así que, mañana por la mañana, cuando vayas a coger el móvil por inercia nada más despertar, imagina que has instalado una nueva *app* que lo pone al rojo vivo durante diez minutos al empezar el día. ¡No se te ocurra tocarlo, que te quemas! —de hecho, realmente te estarás friendo el cerebro—.

> El entusiasmo no se encuentra, se crea.
> Y el mejor momento para empezar es cuando abres los ojos.

En segundo lugar, mantén a raya al *doomscrolling,* un término inglés construido a partir de *doom* —que significa 'condena', 'muerte' o 'fatalidad'— y *scrolling* —que es el acto de deslizar el dedo para desplazarnos hacia abajo en las redes sociales o medios de comunicación digitales—.

Esa búsqueda compulsiva de crisis, corrupción o violencia destruye tu estado de ánimo y provoca tristeza, preocupación y ansiedad. Lo demuestran las investigaciones de doctora Mary McNaughton-Cassill… y el sentido común. Tu cerebro interpreta el contenido repetido como una amenaza inmediata; activa tu amígdala, la región encargada de procesar el miedo; libera cortisol, recuerda, la hormona del estrés; y te posiciona en modo supervivencia. A partir de ese momento solo cabe interpretar el mundo como un lugar oscuro y peligroso, y vivir en constante vigilancia.

Esto es, entusiasmo cero.

Cuidado: no quiero decir que hayas de esconder la cabeza como el avestruz. Desde el principio del libro vengo advirtiendo que la energía del éxito no tiene nada que ver con vivir en mundos de arco iris y unicornios. Por supuesto que has de informarte de los acontecimientos desagradables, para depurar tu espíritu crítico, condenar la injusticia y hacer lo que esté en tu mano para terminar con ella. Pero si te entregas al *doomscrolling* de forma irrefrenable y no consciente, mermarás tu capacidad de juicio y de acción.

Así pues, reserva espacios específicos en tu agenda para leer o escuchar las noticias, escoge bien los medios más fiables y contrasta la información. Como decía Einstein, «la mente es como un paracaídas, solo funciona si se abre». Pero ahí no acaba la cosa. Una vez abierta, filtra bien los contenidos que introduces en ella.

Y no olvides incluir artículos que te nutran como persona y profesional: sobre arte, música, historia, recomendaciones de libros, testimonios inspiradores, curiosidades, viajes, ciencia... Hazlo para crecer y también para equilibrar. Como advierte Mark Waldman, coautor del libro *Las palabras pueden cambiar tu cerebro*, para compensar el poder destructivo de una expresión negativa precisamos de cuatro positivas.

Para terminar este capítulo, te propongo un ritual para esos primeros minutos del día, cuando tu mente está más receptiva, tu cuerpo comienza a activarse y aún no te han arrastrado las prisas y demandas externas. La mente virgen tras el sueño es tierra fértil. Aprovecha para plantar pensamientos y desarrollar pequeñas acciones que hagan florecer tu entusiasmo.

RITUAL DE LOS CINCO PRIMEROS MINUTOS

1. RESPIRA Y SIENTE. Antes de hacer nada, toma tres respiraciones profundas. Agradece internamente el tener todo un día por delante para hacer cosas buenas. Repite —en tu mente o en voz baja—: «Este día es una oportunidad. Estoy vivo, estoy aquí, estoy listo».

2. ACTIVA TU CUERPO CON AMABILIDAD. Abre una ventana para respirar aire renovado, estírate suavemente, gira los hombros, da un par de pasos conscientes.

3. Piensa una intención positiva. ¿Cómo quiero sentirme hoy? ¿Qué puedo crear, disfrutar, aportar?

4. Visualiza una escena positiva. Imagina algo bueno que puede pasar o puedes provocar durante la jornada. No hace falta que sea grandioso: cabe un logro sencillo, un gesto amable, una conversación. Recuerda que tu cerebro no diferencia muy claramente entre imaginación y experiencia. Si lo visualizas con emoción, lo sentirás como real y activarás el sistema dopaminérgico que sirve de motor interno para la energía del éxito.

5. Escoge con intención tu primera acción del día. Haz que no sea automática, sino alineada con cómo quieres sentirte. Puede ser escuchar una canción que te inspire, leer un párrafo que te eleve, prepararte un café con atención plena. Cualquier cosa menos mirar correos. Te aseguro que no pasará nada si esperas cinco minutos —me refiero a que no pasará nada malo, porque consecuencias buenas tendrá muchas—.

T
Tonifica tu lenguaje

En los inicios de mi carrera literaria me di cuenta de que, cuando leía las líneas de diálogo que había escrito para mi personaje protagonista, me gustaban más que las que yo pronunciaba en mi vida cotidiana. Bromas aparte, él hablaba con libertad, no le coartaban las vergüenzas o trabas sociales que vamos acumulando los humanos de carne y hueso. Por supuesto que reprimía algunas palabras si lo exigía la situación, pero cuando tocaba expresar sin complejos el amor o la alegría, lo hacía con ganas: «¡Qué maravilla!», «¡Me encanta!», «¡Cuánto me alegro de verte, te he echado mucho de menos!».

Y ¿qué hice? Comencé a imitarlo en el mundo real.

En poco tiempo, mi lenguaje se volvió más entusiasta. Me sentía genial hablando con esa espontaneidad. Y, lo mejor de todo, las personas que tenía enfrente se contagiaban de esas buenas sensaciones.

Pero si hay alguien que habla en el mundo real con el mismo entusiasmo que su personaje, ese es Roberto Benigni, director, guionista y actor de *La vida es bella*. La película recibió tres premios Óscar, y sus discursos se recuerdan tanto por lo que dijo como por cómo lo dijo.

Al recoger el primero de manos de Sofía Loren, tras agradecer a sus padres el que le hubieran criado en la pobreza, exclamó sin dejar de reír y emocionarse:

—¡Gracias, Sofía, acércate, quiero que me azoten las olas de tu belleza!

Y volviéndose hacia el público gritó:

—¡Quiero besaros a todos porque sois la fuente de mi alegría!

Y al subir a por el segundo, tras bromear diciendo: —Antes cometí un terrible error: utilicé todas las palabras que sabía en inglés —continuó soltando frases (hoy míticas) para expresar gratitud a sus compañeros de la academia como: ¡Quiero ser Júpiter para poder secuestraros a todos y yacer juntos en el firmamento mientras hacemos el amor!

¿Crees que alguien pensó que Benigni estaba haciendo el ridículo? Todo lo contrario. El auditorio entero lo adoró, lo aplaudió, rio, e incluso algunos lloraron con él.

No escatimes expresiones entusiastas. Solemos pensar que si nos expresamos de forma abierta resultaremos cursis o excéntricos, pero te aseguro que cualquier gesto de comunicación genuina es cien por cien carismático, ya que la persona que tienes enfrente lo identifica como una muestra de confianza hacia ella y de seguridad en ti mismo.

El entusiasmo es una energía que, si bien nace en tu interior, tiende a expandirse y se manifiesta en tu forma de expresarte. Permítele que esté presente en tu mirada, en tus gestos y, por supuesto, en las palabras que utilizas.

Como primer ejercicio, te propongo que sueltes la siguiente frase a cada persona que te cruces hoy: «¡Qué maravilla estar leyendo *El poder del entusiasmo*, es un libro fantástico, te lo recomiendo!» 😊

* * *

Las palabras no son solo herramientas para comunicar. Son estructuras de pensamiento, emociones codificadas. La forma en que hablamos —con los demás y con nosotros mismos— tiene un impacto directo en cómo nos sentimos.

Cuando usamos palabras animadas, optimistas o dinámicas estamos creando un entorno verbal donde el entusiasmo florece. Los estudios de Barbara L. Fredrickson —una de las investigadoras más influyentes en el campo de la psicología positiva a quien ya he citado— muestran cómo estas palabras generan expansión emocional y cognitiva: mayor creatividad, resiliencia, capacidad para afrontar retos y, en consecuencia, entusiasmo generalizado. No es casualidad que las expresiones entusiastas activen las áreas del cerebro relacionadas con la recompensa y la motivación, generando un efecto en nuestro estado de ánimo y disposición para actuar.

Fredrickson explica cómo las emociones positivas, incluso si son breves o sutiles, pueden cambiar la forma en la que vemos el mundo, actuamos en él y conectamos con los demás. Si aprendemos a cultivar y también a expresar estas emociones de forma consciente, transformamos nuestras vidas.

En cambio, cuando usamos un lenguaje gris, plano o negativo, el sistema emocional responde apagándose, incluso si el contexto es neutro o favorable. Así de simple.

> Las palabras que utilizamos
> no solo describen la realidad, la crean.

Piensa en las palabras como semillas de realidad. Las que eliges plantar en la mente, en tu conversación y en tu entorno emocional determinan en buena parte el clima que vives.

Por ello, cuando te encuentres frente a una dificultad cotidiana, no caigas en la tentación de soltar gruñidos al estilo de «esto es una pesadilla», ya que generarás una respuesta emocional negativa tan desproporcionada como la propia expresión. Quizá en ese momento no estés de humor para escoger palabras entusiastas que te recargarían de inmediato las pilas; pero, cuando menos, intenta no pronunciar aquellas que te vaciarán de energía.

Transforma tu lenguaje para generar entusiasmo

1. Utiliza palabras entusiastas. Es válida cualquiera que denote energía —chispa, impulso, alegría, fuerza, magia—, sentido —propósito, oportunidad, elección, posibilidad, misión—, valoración positiva —brillante, fascinante, emocionante, poderoso, transformador—, virtudes —gratitud, conexión, curiosidad— y verbos de acción —crear, explorar, avanzar, probar, lanzarte, experimentar, descubrir—.

2. Prescinde de las palabras que apagan el entusiasmo. Por mucho que intenten parecer realistas, elimina en lo posible de tu diccionario términos como difícil, obligación, imposible, esfuerzo, carga, rutina, problema, aburrido o fracaso.

3. Juega a sustituir expresiones instaladas en tu mente. En lugar de «esto es un lío», di «vaya reto me ha surgido»; en lugar de «no puedo con esto», di «a ver cómo lo afronto, paso a paso»; en lugar de «tengo que hacer esto», di «me pongo a la tarea porque me importa».

4. Escribe cada día una palabra que describa cómo quieres sentirte. Por ejemplo: inspirado, creativo, con energía... Así aumentarás tu diccionario entusiasta y dirigirás tu foco.

* * *

No solo son importantes las palabras que escogemos. También lo es la voz con la que las proyectamos.

Seguro que te has percatado de que, cuando sientes entusiasmo, tu voz tiende a elevarse en volumen, aumentar en ritmo y variar en entonación. Y sabes que no me refiero a gritar todo el tiempo como si te acabara de tocar la lotería, botella de champán en mano. Hablo de expresar lo que sientes de manera viva y colorida, como cuando te reencuentras con un viejo amigo en una fiesta de cumpleaños y le recuerdas anécdotas divertidas o le cuentas nuevos proyectos.

Lo que quizá no sepas es que esta conexión también opera a la inversa: si utilizas la voz con los parámetros asociados al entusiasmo, lo intensificas no solo en los demás sino también en ti mismo.

> Habla como si tu entusiasmo dependiera de ello...
> porque depende de ello.

Este fenómeno de retroalimentación está respaldado por diversos estudios en psicología y fonética. Sabemos, por ejemplo, que las emociones afectan a los movimientos musculares del aparato respiratorio y la laringe, modificando así el tono de voz. Seguro que asocias la alegría con un tono alto, contorno variado y tempo rápido, mientras que la tristeza viene acompañada de un tono grave, contorno plano y tempo lento.

Por ello, al igual que ocurre con la elección de tu vocabulario, si escoges de forma intencionada poner voz entusiasta, estarás activando áreas cerebrales asociadas con este sentimiento, como el sistema límbico, favoreciendo una respuesta emocional congruente.

Tal vez pienses: «Pero es que yo tengo la voz que tengo, ¿qué puedo hacer si suena un poco triste y débil?». Te aseguro que puedes hacer muchísimo. Al igual que los abdominales se ejercitan, la voz también.

Cuando trabajaba como abogado, debido al esfuerzo que me suponía pasar el día hablando en los juicios y con los clientes una hora tras otra en el despacho, llegaba a los viernes con la voz rota. Hasta que un día, pensando en mi salud y en el futuro como conferenciante con el que ya entonces soñaba, decidí tomar clases de una profesora de canto llamada Nerea Elorriaga.

Esta gran *mezzosoprano* me enseñaba técnica vocal una vez por semana. Eran apenas tres cuartos de hora, lo suficiente para practicar una serie de ejercicios y fortalecer y estirar las cuerdas vocales, al tiempo que aprendía a proyectar el aire desde el diafragma para no forzar la garganta.

Al cabo de un año, no solo no me dañaba la voz con el paso de los días, sino que mi potencia vocal se había multiplicado; y, gracias a ello, me sentía capaz de expresar lo que sentía de forma más libre y afinada, valga el término musical.

Pero —vuelvo un instante a los capítulos del *flow* y de la perseverancia—, lejos de plantarme ahí, continué haciendo los mismos ejercicios con ella durante tres años más, cada martes a la misma hora, buscando matices para seguir evolucionando en mi postura, mi cuello, mi arco del paladar, probando nuevas texturas para pintar mis palabras de emociones. Y, cuando colgué la toga, seguí practicándolos sin descanso cada semana, ya sin Nerea por haberme mudado, pero sí con el recuerdo de sus indicaciones, en distintas ciudades hasta hoy mismo, con la certeza de que siempre se puede llegar un paso más allá cuando tienes un propósito que prende tu llama interior.

Plan de entrenamiento vocal para siete días

Día 1. Conecta con tu voz. Escúchala con curiosidad y sin juicio. Grábate con el móvil leyendo un texto neutro —una noticia o receta—. Luego, lee el mismo texto con entusiasmo, como si fuera una historia emocionante. Escucha ambas grabaciones y toma nota de dónde cambia el tono y de cómo suena más creíble o vivo.

El entusiasmo se transmite en lo que dices
y, también, en cómo lo dices.

Día 2. Respira para proyectar. Utiliza la respiración como base de una voz clara y segura. Haz cinco respiraciones profundas, pero en cada exhalación introduce en voz alta un «¡ahhh!» largo y abierto, proyectando energía hacia adelante. Hecho esto, repite frases cortas con la misma intención —pueden ser «estoy aquí», «hoy empiezo con fuerza», «esto va a salir bien»—.

Tu voz se apoya en tu respiración, no en tu garganta.

Día 3. Modula el tono. Juega con la melodía para evitar la monotonía y ganar expresividad. Escoge una frase breve —por ejemplo, «hoy va a ser un gran día»— y repítela con diferentes contornos melódicos: ascendente, descendente, en forma de ola y como si la cantaras.

Una voz entusiasta tiene vida y movimiento.

DÍA 4. VOLUMEN CON INTENCIÓN. Utiliza el volumen para comunicar energía, pero sin gritar. Repite una misma frase —por ejemplo, «confío en mis capacidades»— en tres volúmenes: íntimo, conversacional, proyectado. Después, repítela variando el volumen dentro de la misma frase —Ejemplo: «confío... ¡en mis capacidades!»—.

El entusiasmo no siempre es volumen alto,
pero sí es energía dirigida.

DÍA 5. RITMO Y PAUSA, EL ARTE DEL IMPACTO. Domina el ritmo con intención. Grábate leyendo un texto en voz alta marcando pausas estratégicas antes de las palabras clave y después de las ideas importantes, para crear efecto dramático o reflexión. Pregúntate: ¿dónde respira mi voz?, ¿dónde puedo generar más atención?

El silencio también transmite entusiasmo...
cuando se coloca bien.

DÍA 6. EMOCIÓN EN LA VOZ Y EL CUERPO. Integra lenguaje verbal y corporal. Ponte frente a un espejo, escoge una frase con fuerza emocional —por ejemplo, «¡esto es importante para mí!»—. Dila mirándote a los ojos, con el cuerpo relajado y abierto. Repítela con una sonrisa sutil y voz firme pero cálida.

La voz se siente y se crea desde dentro.

DÍA 7. TU VOZ ENTUSIASTA EN ACCIÓN. Aplica todo lo aprendido de forma integrada. Prepara un mini discurso de uno o dos minutos sobre algo que te entusiasme —puede ser una idea, una historia, una meta—. Grábate aplicando buena respiración, modulación de tono, volumen expresivo, pausas, presencia emocional... Escúchate sin juicio, observando la evolución desde el día 1.

NOTA FINAL. No se trata de sonar perfecto, sino de sonar vivo. Tu voz entusiasta surge en parte de la técnica, pero sobre todo de la decisión diaria de expresarte con verdad, presencia y energía.

U
Utiliza el humor

Los niños se ríen de todo porque esa es su forma de entender el mundo, de conectar contigo, de experimentar bienestar. A partir de los dos meses, dibujas las primeras sonrisas sociales. A partir de los cuatro, sueltas carcajadas. Todo las dispara: las cosquillas, las gafas de tu padre, el ¡cucú-tras! Al cumplir el año, desarrollas un sentido del humor más complejo —qué gusto da partirte de risa cuando haces algo absurdo—. Hasta que, de repente, los mayores empiezan a decirte que la vida es un tema serio.

Lo que sí has de tomarte muy en serio es el humor. No imaginas todos los beneficios que conlleva, empezando por disparar el entusiasmo.

Hugo, uno de mis lectores más fieles, trabaja de comercial en una empresa de limpieza industrial. En la presentación de mi último libro charlamos un rato y me contó que, aunque por naturaleza es muy chistoso, en el trabajo siempre se había esforzado en parecer muy formal. Temía que, si se dejaba llevar, los jefes lo considerasen un frívolo o poco comprometido. Así que se compró un coche muy discreto que no casaba con su personalidad y un par de trajes grises, a pesar de que le gustaban los colores vivos. Y así fue funcionando sin pena ni gloria hasta que un día, harto de que el dueño de unos pabellones le pidiera presupuestos sin llegar a firmar el contrato, se acarició la calva —su cabeza es una bola de billar— y le soltó:

—Si vamos adelante con esta limpieza, arrancaré el mocho de una de las fregonas y me lo pondré de peluca.

El cliente se quedó de piedra, pero terminó soltando una risotada y dijo:

—Cuidado, que una vez salí con una fregona... y tuve que dejarla porque era muy absorbente.

Después de eso, les faltó tiempo para cerrar el acuerdo. Aquellos coletazos de humor, aunque bastante esperpéntico, habían abierto una puerta por la que de pronto entraba aire fresco.

—Te aseguro que te alegrarás de haber confiado en nosotros —concluyó Hugo—. En esta empresa todos tenemos un brillo especial en los ojos... ¡por el amoniaco!

Y ciertamente los ojos se les humedecieron a ambos, porque terminaron llorando de risa.

El estudio «Humor como técnica de influencia social» publicado en la *Social Psychology Quarterly* muestra que algo tan simple como agregar una línea alegre y disruptiva al final de un discurso de ventas puede aumentar en un 18 % la disposición de los clientes a sacar la cartera.

Esto ocurre, entre otras cosas, porque, gracias a la química del cerebro, cuando ríes te sientes de maravilla. Cae el cortisol —lo que reduce el estrés e induce la calma— y liberas más endorfinas —provocando un efecto similar a la euforia del corredor— y oxitocina —la hormona del amor—. Podría decirse que es el equivalente a meditar, hacer deporte y practicar sexo al mismo tiempo. ¡Como para no entusiasmarse!

No permitas que el vampiro del miedo te robe una sola carcajada —por miedo a parecer infantil o a que luego nadie te tome en serio—. Los mejores resultados llegan cuando destierras al personaje gris y te manchas las manos de pintura, de cuantos más colores mejor.

* * *

Aún cabe un giro de tuerca para volver esta palanca aún más infalible: utilizar el humor autocrítico.

Llegado el caso, nos permitimos hacer bromas sobre los demás, pero nos tomamos demasiado en serio a nosotros mismos; y debería ser al revés. Si te expresas de forma libre y quitas importancia a tus peculiaridades, tu interlocutor entiende que también lo juzgas menos a él. Es como decir en voz alta: ¡bienvenidas las imperfecciones que nos convierten en personas únicas!

El actor Enrique Arce, uno de mis amigos más cercanos en esta etapa de mi vida en Madrid, ha hecho muchas series y películas, pero medio planeta lo conoce por su papel de Arturito en *La casa de papel.* Sí, es el director del banco, ese personaje que encarna lo peor del ser humano y al que todo el mundo odia —y del que todo el mundo habla por lo bien que lo interpreta—.

En su vida real, Enrique pasa el día haciendo chistes e ingeniosos juegos de palabras... muchos de ellos sobre sus propias debilidades. Como es un gran aficionado al desarrollo personal, hace años grabamos mano a mano un curso *online* para potenciar el carisma con técnicas actorales, y en una de las sesiones decía:

> Durante mucho tiempo pensé que mi baja estatura era un hándicap para mi carrera de actor. Estaba superacomplejado, lo cual me perjudicaba seriamente en los *castings* porque no me permitía brillar en otros aspectos en los que sí estaba «a la altura» de otros actores. Hasta que un día me di cuenta de que la solución pasaba por reírme un poco de mí mismo y empecé a soltar perlas como: «Aquí me tenéis, esperando a que TVE se decida a hacer una versión española del *Hobbit*». O, hablando de mi nariz, de la que tampoco estaba muy orgulloso: «Si fuera un papel de boxeador, ya tendríais la mitad del maquillaje resuelto». Le cogí tanto gusto que, tras el éxito de *La casa de papel*, en las entrevistas decía cosas como: «Arturito es una versión mejorada de mí mismo». Desde que hablo con esa libertad, me entusiasma el papel que me ha tocado representar en la vida.

Esta es la energía que nos empuja al éxito en la serie más difícil de protagonizar, la del día a día. Pero en el humor autocrítico, como en todo, busca el equilibrio.

No te vengas demasiado arriba y caigas en el menosprecio. Contempla con amabilidad tus limitaciones o circunstancias adversas. Y no insistas demasiado en la gracia que has hecho, ya que parecerá que buscas aceptación o un cumplido. Enrique suele decir que el humor tiene un instante. Cuando veas el hueco, suelta tu ocurrencia sin pensar. Y nunca vuelvas atrás. Si repites un chiste, se esfuma la magia.

Para magia, la que desprende Irene Villa, otra campeona del buen humor a quien tengo la fortuna de conocer desde que ambos empezamos a publicar. Es muy probable que conozcas a esta mujer por el atentado terrorista que sufrió siendo niña; pero sobre todo porque es un modelo de persona que, por cierto, guarda un doble paralelismo con Regina, la Asturianita de la que ya te he hablado.

Primero, Irene también perdió algunas partes de su cuerpo que muchos considerarían imprescindibles; en su caso, las dos piernas y tres dedos de la mano izquierda, lo cual no le ha impedido construir una gran familia, cursar las licenciaturas de Psicología y Periodismo, practicar esquí alpino paralímpico y hacerse con innumerables premios.

Y, al igual que ocurría con la artista hace un siglo, la actitud de Irene va mucho más allá de la superación. Con cada uno de sus actos y su imborrable sonrisa demuestra que el entusiasmo es el motor más potente que existe. Para ella, una vida plena no es solo la que supera obstáculos, sino la que, además, se celebra durante el trayecto.

Comparto su historia en este capítulo porque me encantan las perlas de humor autocrítico que suelta de vez en cuando:

—Cuando estoy bañándome en una piscina y me preguntan si se hace pie, contesto: «¡A buena has ido a preguntar, espera que buceo y te digo!».

También recuerdo una tarde de invierno, durante mi estancia en Londres, en la que me visitó aprovechando que la habían invitado a impartir una conferencia en Oxford. Dimos una vuelta por Notting Hill, nos animamos a tomar una cerveza en el Soho, y llegado un momento, dando por hecho que estaría hecha polvo de tanto caminar con las prótesis, le pregunté si no le apetecía volver a casa. Ella me miró con extrañeza y exclamó:

—¿De verdad quieres irte ya? ¡Aprovecha que me he puesto las piernas!

* * *

«Reírse es algo muy serio. Sobre todo, reírse juntos».

Lo dice Richi Arambarri, CEO de Vintae —compañía riojana de vinos que exporta a cinco continentes— y uno de los empresarios más inspiradores de este país. Richi es una de esas personas que quieres tener siempre cerca por el entusiasmo que desprende. Aparece riendo en las revistas más prestigiosas, ya sea levantando un porrón o subido en el remolque de un tractor, y te cuenta su último proyecto exprimiendo cada minuto como si fuera una uva.

—En Vintae invertimos en buen humor porque sabemos que no hay nada más rentable —afirma. Creamos momentos para que los compañeros de trabajo tengan oportunidad de brindar, de conocerse un poco más y de hacerse bromas como si fueran amigos de toda la vida. Así se forja «la cuadrilla», como llamamos a esta gran familia que da lo mejor de sí misma con mucho esfuerzo, pero también con mucho entusiasmo. Nuestra energía se multiplica al reír juntos y compartir un propósito: crear vinos para que todo el planeta pueda disfrutar de este placer único.

La empresa de Richi no es la única que ha multiplicado su energía y, en consecuencia, sus números, gracias a introducir el buen humor en la estrategia. Ya hace décadas, Southwest Airlines ascendió a los cielos —figurativa y literalmente— a base de pasarlo bien.

Nacida en 1971 en Texas, esta pequeña aerolínea de bajo coste intentaba hacerse un hueco con vuelos cortos, pero el mercado era muy competitivo. Así que uno de sus fundadores, Herb Kelleher, sabiendo que necesitaban una seña de identidad, lo apostó todo al humor. Su máxima como emprendedor siempre había sido:

«Para que un negocio sea exitoso, primero ha de ser divertido». ¿Por qué no iba a funcionar en el aire? Y animó a sus empleados a que se comportaran de forma festiva, espontánea y, al fin y al cabo, humana. No hacía falta convertirse en monologuista, solo carecer de complejos y ser genuinamente cercanos en el trato. Al poco, como había previsto, aquella nueva cultura empresarial marcó la diferencia que ansiaba y les hizo volar muy alto.

En las parejas y familias, el buen humor tiene el mismo efecto positivo. Cuando sus miembros ríen juntos, se genera más unión. Juzgan menos y se comunican más, caen barreras y diferencias. Si lo piensas, esto es lógico porque reír es dejarse llevar, liberarse de toda contención. Y, por la válvula que se abre, se va así mismo el terrible estrés que genera tensiones con las personas que tenemos cerca.

Mientras ríes no piensas, simplemente conectas con la alegría y oxigenas cuerpo y mente.

Y, volviendo al humor autocrítico, reírte de ti mismo junto a tus hijos o tu pareja te ayuda a aceptar tus limitaciones y a perder el miedo al ridículo, a las opiniones ajenas y al fracaso. Esto es, menos bloqueo y más aprendizaje y crecimiento.

Como verás, estos beneficios están conectados así mismo con otras palancas del decálogo, dado que en este método no hay compartimentos estancos. Cada propuesta se enriquece al fundirse con el resto. Todas están pensadas como las piezas de un gran puzle en el que, hasta la más pequeña, es esencial para alcanzar el resultado ansiado: generar y mantener encendido tu entusiasmo.

* * *

Para cerrar este capítulo, te propondré un ejercicio que potenciará tu sentido del humor. Pero antes, dime:

¿En algún momento, al leer los anteriores párrafos, has pensado que tu complicada vida llena de calamidades no deja hueco para la risa?

Entonces deja que te lleve de viaje a Cachemira.

Tal vez hayas oído hablar de esta región del Himalaya, en disputa entre la India y Pakistán desde que en 1947 la Corona Británica disolviera la colonia. Tratando de calmar los ánimos, Naciones Unidas estableció una franja de alto el fuego que bautizaron como Línea de Control, pero el conflicto bélico continúa vivo entre las dos potencias nucleares.

Hace quince años, aprovechando que llevaban diez meses sin bombardear la carretera, recorrí la línea para preparar una novela que situé en la región. Por el camino tuve la fortuna de ver monasterios en picos con nieve eterna, lagos plateados... pero también sacos terreros y alambradas que cruzaban los pueblos como retorcidas cicatrices. Sorteábamos hoyos de misil y despedíamos gravilla hacia el barranco, que amenazaba sin quitamiedos a pocos centímetros de las ruedas. En varios tramos bajo control de la India había carteles de chapa metálica cosidos a tiros en los que se leía: «En los próximos kilómetros, su vehículo podrá ser alcanzado por arma ligera desde la trinchera enemiga». Apretábamos el acelerador, pero hasta el motor parecía enmudecer.

¿Te parece que en ese escenario quedaba sitio para el humor?

Por supuesto que sí.

Además de esos dramáticos carteles de advertencia, había otros que decían: «Querida, me gustas, pero no vayas tan rápido» o «Sé delicado con mis curvas». ¡Fíjate que forma más original de pedir precaución en la conducción! Y, ya puestos, en algunos incluso se habían animado a estampar frases inspiradoras como «La vida es una sociedad limitada con sueños ilimitados» o «Empieza haciendo lo necesario, después lo posible y terminarás haciendo lo imposible».

Cuando comentaba los mensajes de humor con el conductor del todoterreno, de súbito se esfumaba la tensión y me contaba sus proyectos y los de sus amigos y familiares. Aquellas muestras de entusiasmo por crecer en uno de los lugares más militarizados del planeta no solo no estaban fuera de sitio, sino que, como decía el último cartel, hacían que todo fuera posible.

* * *

Y para acabar, el ejercicio prometido.

Si te consideras una persona sin demasiada gracia natural, tal vez se te haga cuesta arriba entrenar esta palanca del entusiasmo. Pero piensa que, al igual que remarcaba el fundador de Southwest Airlines a sus empleados, no te pido que te ganes la vida de monologuista. Se trata solo de potenciar el humor y la risa en tu vida de forma natural. Y, para ello, basta con seguir un protocolo que nos regala Enrique Arce —tu ya querido (nunca más odiado) Arturito—.

Lánzate sin miedo y prepárate para, en el siguiente capítulo, seguir definitivamente tu propio camino.

Las cinco claves del payaso amateur

1. Empieza por contar lo que te hace reír a ti. La risa es tan contagiosa como un bostezo. Si ves a alguien reírse, es muy difícil permanecer serio.

2. Presta atención. Cuanto más presente estés en una conversación, mejor trabajará tu consciente y tu inconsciente para dar con la chispa adecuada.

3. Deslígate del resultado. Si empiezas a darle vueltas a la cabeza preguntándote si tu ocurrencia va a tener gracia o no, sin duda será que no. Fíate de tu intuición y suelta cualquier chiste que se te ocurra. Como siempre ocurre, cuanto más te desapegas de un resultado, más te acercas a él. Lo peor que puede pasar es que los otros digan: «¡Qué malo!», pero aun así les gustará que seas una persona animada.

4. Entrena tu creatividad. Si quieres que las ocurrencias divertidas surjan de forma espontánea, has de entrenar. Piensa en los músicos de *jazz*. Antes de permitirse improvisar, han ensayado cientos de giros que, llegado el momento, van combinando mientras se dejan llevar para que aparezcan otros nuevos.

5. Si te cuesta ser gracioso, al menos no seas un triste. Si finalmente no te ves capaz de contar un chiste, no pasa nada, pero no te victimices o regodees en tu falta de gracia. Compórtate de forma natural, escucha las bromas de los demás y ríete con ganas cuando alguna conecte contigo.

S
Sigue tu propio camino

En tiempos antiguos, cuando la magia y la superstición dominaban el mundo, los seres humanos mirábamos al horizonte y no se nos ocurría intentar alcanzarlo, porque creíamos que más allá vivían monstruos horrendos.

Hoy en día ya no creemos en eso, pero pasan dos cosas: muchas personas siguen sin atreverse a perseguir sus propios horizontes; y otras sí que se lanzan, pero se vienen abajo ante el primer fracaso.

Como escribió el filósofo Eduardo Galeano, me acerco dos pasos y el horizonte se aleja dos pasos; camino diez pasos y él se desplaza otros diez más allá. Pero la función de los horizontes —de las utopías, en palabras de Galeano— es precisamente esa: empujarnos a caminar.

Una palanca infalible para generar entusiasmo es seguir tu propio camino hacia esos horizontes personales en los que, lejos de haber una legión de monstruos, te esperan la sorpresa, el asombro, la chispa de la vida.

Y no me refiero a que des necesariamente un giro de ciento ochenta grados, como hice yo cuando cerré mi estudio jurídico, ni a que te dediques a extravagancias. Basta con que desafíes esas creencias que muchas personas tienen grabadas a fuego —«no soy capaz de hacer esto», «tal vez no sea lo más oportuno en este momento», «qué va a pensar mi suegro»— y perseguir lo que te ilusiona.

Puede ser un objetivo, como formarte en habilidades de comunicación porque te ayuda para tu trabajo o relaciones; una afición como hacer bici de montaña con *culotte* y todo; o repartir comida al anochecer con la pequeña ONG de una madre del AMPA. Si eres profesor de termodinámica en la facultad de Ingeniería Industrial y lo que te llaman son los bailes de salón, ¡cepilla bien tus zapatos y échate a la pista a ritmo de foxtrot! Y no dejes de compartir con tus compañeros del claustro lo bien que lo pasas con el *Fly me to the moon*, de Sinatra. Realmente te sentirás en las nubes y les contagiarás tu entusiasmo. Te aseguro que no pensarán que eres un chalado, pensarán que eres tú mismo y les darás bastante envidia.

Así funciona esta palanca del decálogo. No va de hacer locuras, sino de permitirte explorar con libertad los senderos que te conducen a la persona que quieres ser. No hay nada que genere más energía.

* * *

Si persigues con entusiasmo un horizonte personal es probable que no alcances lo que buscas, pero se abrirán nuevas posibilidades que ni siquiera sabías que existían. Recuerda las puertas sufíes de la perseverancia: yo quería ser un músico famoso, cosa que no conseguí; pero, por el camino, a base de crear y fracasar, descubrí que mi verdadera pasión era escribir. Encontré esta puerta gracias a lanzarme a componer canciones mientras estudiaba Derecho.

Esto es, gracias a salir de mi zona de confort.

Seguro que has oído hablar de esta famosísima zona. Suele explicarse como un espacio supuestamente seguro donde todo es predecible y no hay desafíos ni estrés. Pero no estoy en absoluto de acuerdo con esta definición.

Primero, porque en este mundo no hay nada predecible. La incertidumbre es nuestro estado natural, y hasta el más seguro de los refugios está lleno de grietas. Estudias una carrera que no te llama en absoluto pero que, según te han dicho, tiene un montón de salidas, y, el día que la terminas, alguien inventa la IA y pone el mercado de trabajo patas arriba.

Y, además, porque dentro de la zona de confort, efectivamente, no hay desafíos —lo que hay es monotonía, que destruye la motivación—, pero sí puede haber mucho estrés y malestar.

> La zona de confort no es necesariamente confortable, es solo conocida.

Aguantar sin rechistar a un compañero del coro de la parroquia que te ningunea, a alguien de tu familia política que no sabe cómo tratarte, o a una compañera de trabajo que te humilla porque no conoce otra forma de hacerse valer, es zona de confort.

«Mejor no remover las cosas, no se vaya a liar». Lo mismo pasa cuando no solicitas un aumento de sueldo por las nuevas responsabilidades que te puedan caer; o cuando no te apuntas a esa academia de cerámica cuyo escaparate te llama tanto porque «se me ha pasado el arroz»; o cuando no vas al gimnasio a pesar de que no te gustas en el espejo porque «esta barriga no se baja con ejercicio».

Nos negamos a seguir los propios caminos aun a sabiendas de que estamos obrando en contra de nuestro bienestar.

Quizá hayas visto la serie de Netflix *Unorthodox*. La protagonista nace en el seno de una comunidad ultraortodoxa judía que le hace creer que solo hay un camino posible para ser digna de este mundo y del siguiente. Muchos espectadores se llevan las manos a la cabeza al ver que la casan con un hombre al que no conoce o que le prohíben tocar el piano por ser mujer. Pero lo peor no es el matrimonio acordado ni el resto de imposiciones. Su mayor problema es que el entorno la abduce de tal forma que llega a pensar que solo existe ese camino, el cual sigue sumisa de forma inconsciente, sin tan siquiera darse cuenta de que está esclavizada. Te animo a ver la serie, porque su proceso de liberación de las imposiciones es muy humano e inspirador.

Plantéate si no persigues tu propio camino por imposición, por inercia, por pereza o porque no lo crees posible. Te aseguro que muchas veces sí es posible, se trata de estar dispuesto a pagar lo que te pide a cambio.

Y piensa que, aunque tu zona de confort no sea muy dañina, puede llevarte del acomodo al estancamiento. Cuando te cubres de corazas para que no pase nada... lo que tampoco pasa es todo lo bueno que el mundo tiene para ofrecerte.

Es la incomodidad la que te impulsa a evolucionar y entusiasmarte de nuevo con la vida.

Por si aún tienes dudas, deja que te cuente el caso de Lorena, una amiga que pronto querrás que te invite a comer.

* * *

Tengo la suerte de colaborar en conferencias y formaciones con Happyforce, una plataforma que mide y gestiona la felicidad en el entorno laboral. Aunque están sometidos a la misma presión que cualquier otra empresa, jamás pierden ese tono festivo que los caracteriza y enamora a sus clientes. Pero si he de quedarme con un solo momento del año con ellos, es la comida de Navidad que hacemos en casa de Sergio, uno de sus fundadores. Y no por él —que también—, sino por su mujer, Lorena Hidalgo.

En 2010, Lorena llevaba una década trabajando en Cartier como responsable de *marketing* para España y Portugal. El *glamour* la envolvía y tenía una carrera prometedora, pero su motivación se apagaba por momentos. En lo personal, no terminaba de conectar con el mundo del lujo; y su forma de entender el trabajo chocaba con la cultura tradicional de la empresa. La revolución de las tiendas *online* había llegado para quedarse, pero sus jefes bloqueaban todas sus propuestas.

Entonces nació Carmen, su primera hija, se replanteó su vida... y apenas empezó a mirar dentro de sí, decidió marcharse a una pequeña *startup* tecnológica que le ofrecía peores condiciones, pero que casaba mucho más con su personalidad.

—¿Cómo se te ocurre? —levantó la voz todo el mundo—. ¡Justo ahora tendrías que apostar por la seguridad!

Pero ella sabía que, precisamente en ese momento vital tan decisivo, debía apostar por su identidad. Veía que su entusiasmo se había esfumado y no quería ser una madre que en lugar de vivir, sobrevivía.

Con aquel nuevo reto recuperó la chispa, pero aún había algo que no encajaba. Y es que lo que realmente le apasionaba era la cocina.

Su madre ya lo había detectado siendo ella pequeña, cuando la veía hacer intentos de bizcocho y le regalaba libros de recetas que leía como si fueran cuentos de Disney. Pero era una niña de buenas notas y estudiar una FP no era una opción. ¿Fue un error? Fue lo que fue. Lo que ahora tocaba era ponerse las pilas AAA: aceptarlo, prestar atención a las opciones del instante y actuar para dedicarse a lo que le entusiasmaba.

Llegada la hora de la verdad, su cerebro saltó como un resorte. «¿Cuchillos y cacerolas? ¡De eso nada!».

Es normal. Venimos al mundo con una intolerancia a la incertidumbre que nos empuja a saberlo y controlarlo todo. Y como el cambio implica no saber lo que va a pasar ni controlar lo que está pasando, no nos gusta. Con solo pensar en salirnos del senderito que tenemos trillado, nos estresamos e incluso nos bloqueamos. Son cosas del hemisferio izquierdo, que se ocupa de organizar y planificar —y lo hace de maravilla—, pero utiliza el miedo al cambio para mantenernos a salvo de potenciales amenazas... aunque muchas veces se pasa de frenada.

Lorena tuvo el acierto de confiar en su hemisferio derecho, que es capaz de mirar más allá —donde burbujean los propósitos—, y decidió formarse mientras seguía con su trabajo anterior. Se apuntó a un concurso de cocina patrocinado por la cadena de supermercados Dia —se llamaba «Dale la vuelta al día», al igual que ella misma hizo con su vida—, donde fue seleccionada y recibió clases magistrales; estudió el grado superior de FP —por fin, con compañeros veinte años más jóvenes que ella—; y, llegado el momento en el que tuvo que hacer prácticas en restaurante, lo cual ya era incompatible con cualquier otro empleo, se lanzó a por ello.

Dos apuntes importantes para ti, cualquiera que sea el proyecto que tengas en mente:

1. Lorena se dijo que, si la cosa no funcionaba, aparecerían otras opciones. Tenía años de experiencia en dos sectores importantes, por lo que las típicas advertencias de su cerebro de que «no había vuelta atrás» no eran reales.
2. Se entregó en cuerpo y alma. Curiosamente, fue la única de su promoción que solicitó hacer las prácticas en un restaurante con estrellas Michelin. El resto de alumnos no querían soportar los horarios y la enorme presión de la primera división culinaria, y prefirieron cubrir el expediente en cocinas de hotel.

En una ocasión, ya trabajando de becaria en el restaurante DSTAgE del reputado chef Diego Guerrero, este se le acercó y le dijo:

—Me parece increíble que, después de dieciséis horas cada día, nunca dejes de sonreír. ¿Quién demonios eres tú?

Y cuando Lorena le contó su vida con el entusiasmo que por fin desprendía, le ofreció encargarse de la parte de eventos.

La historia no acaba aquí, aún quedaba un drama por superar: llegó el COVID y el chef se vio obligado a echar la verja.

En ese instante, más de uno se habría venido abajo. «¡Después de tanto trabajo, toda mi vida se ha arruinado!». Pero Lorena, atenta ante la misma realidad trágica, en lugar de entregar su cuello a los vampiros del entusiasmo, vio su gran oportunidad.

Como no había dejado de formarse —había cursado un máster de docencia en la cocina—, fundó Scoolinary, la plataforma *online* de aprendizaje gastronómico que le ha hecho internacionalmente conocida. Cocineros de todo el planeta enseñan a hacer sus platos a otros profesionales o *amateurs*. Ahora mismo, mientras escribo, está en Kioto probando *sushis* y entregando tarjetas de visita para incorporar nuevos colaboradores.

Como ves, en este proyecto se dan la mano sus artes culinarias, su experiencia en *marketing* y su preparación como docente.

Somos lo que hemos vivido.

Un último apunte: cierto es que Lorena contó siempre con el apoyo de su marido, pero eso no le quita mérito. La pasada semana cené en Londres con mi amiga Aimée —fue mi vecina durante mi estancia allí—, quien ha decidido dejar su trabajo de abogada para dedicarse unos años por entero a su reciente maternidad... aprovechando que ha ahorrado para ello. Una vez más, esto no va de chasquear los dedos para que por encanto se cumplan tus sueños. En el caso de Aimée, la decisión empezó antes de tener a la niña y le exigió, durante un tiempo, privarse de cosas a las que mucha gente no habría querido renunciar. Lorena —y, con ella, su familia— también tuvo que hacer sacrificios —una bonita palabra que has de entender no como dolor por lo que dejas, sino como amor por lo que escoges—. Y ninguna de las dos puede estar más feliz de haber seguido su propio camino.

Explicado a través del ciclo del entusiasmo (Actitud → Percepción → Emoción → Comportamiento), a pesar de encontrarse en un momento dificilísimo debido a la pandemia, el firme compromiso de Lorena con su identidad le permitió divisar una oportunidad donde otros se bloqueaban por la desolación; y brotaron emociones de confianza y vitalidad que la llevaron a emprender, innovar, entregarse.

Como en tantos casos que vas conociendo, su actitud de entusiasmo fue determinante en sus acciones y le acercó al éxito.

Ahora que conoces esta inspiradora historia, insisto: seguir tu propio camino no implica cambiar radicalmente de vida. Aunque quizá termines sintiéndolo así, porque si te gusta el foxtrot y te animas a dar el paso, cada vez que te calces los zapatos, su brillo iluminará tu existencia entera.

* * *

Recuerda lo que dijimos al hablar del miedo, el tercer vampiro del entusiasmo: no estamos hechos para contemplar la vida desde el interior de una cueva, al amparo del cálido fuego. Apenas acariciamos ese estado de aparente confort, nos damos cuenta de que no nos conduce a la plenitud. Hemos venido a este mundo para salir de la cueva y echar a andar a través de la bruma. Enseguida nos damos cuenta de que para ese viaje no hace falta mucha luz.

Nosotros somos la luz.

Y para que brilles más que nunca, generemos la energía del éxito con nuevos microhábitos.

Si te llama hacer maquetas de barcos en el interior de una botella, no te dejes llevar por la rueda imparable del día a día y reserva tiempo para ello. Y si en este momento no tienes nada que te ilusione, búscalo fuera de tus círculos habituales: en la naturaleza, en el arte u otra expresión de belleza, en personas o viajes —por las geografías o por las páginas de un libro—, en el deporte o en los entresijos de la ciencia.

Y cuando otros te propongan nuevas aventuras, di «sí» sin darle muchas vueltas. Analizar o planificar demasiado te lleva a la pasividad. Mejor fomenta la improvisación, que es una buena vía para escapar de tus patrones inconscientes y disparar el entusiasmo.

A probar se ha dicho

1. Cambia rutinas cotidianas. Hay cosas que hacemos siempre igual o de forma mecánica para conseguir un resultado automático, pero el problema es que también las ejecutamos de forma automática, sin prestar atención. Por ejemplo, ir al trabajo por un

camino determinado. Busca otro y experiméntalo. Prueba el café sin azúcar. Báñate con agua fría. Utiliza el ratón de la computadora con la mano contraria. Huye de la ley del mínimo esfuerzo. Al tiempo que estimularás tu creatividad y capacidad de adaptación, potenciarás la emoción de entusiasmo por lo que supone de desafío.

2. PRUEBA A HACER ALGO NUEVO QUE SIEMPRE TE HAYA DADO MIEDO O PEREZA Y QUE PUEDE HACERTE CRECER. Si te sirve como ejemplo, recuerdo el día que comencé a ver las películas y series en versión original subtitulada. La primera semana fue un horror; la segunda, un poco más fácil. Al cabo de un mes ya me había acostumbrado. Tras dos meses, no concebía ver cine sin las voces originales de los actores. A efectos prácticos, esta práctica eleva mi nivel de inglés; pero, sobre todo, eleva la calidad de la experiencia —¡me encanta escuchar los acentos!— y de nuevo potencia la emoción de entusiasmo por la novedad y el reto.

I
Invita a personas entusiastas a comer

Aunque suene a chiste, me gusta visitar a mi asesor fiscal. Siempre salgo de su despacho contento, y no solo porque me lleva los asuntos con pulcritud desde hace treinta años, sino porque Santi desprende un entusiasmo feroz en un ambiente que, sobre el papel, no parece para tirar cohetes. ¿Quién puede mostrarse positivo y motivado cuando trabaja sobre un montón de requerimientos de Hacienda? Él. Cada vez que terminamos mi declaración anual, exclama:

—¡Ha quedado preciosa!

Pero ¿sabes qué es lo mejor de todo? Que Santi lo ve al revés. Dice que, cuando entro en su despacho, mi actitud entusiasta —temporada de impuestos incluida— le alegra el día.

El contagio emocional es un fenómeno por el cual nuestras emociones se transmiten a quienes nos rodean. Debido a las neuronas espejo, el cerebro imita aquello que observa en los demás. En milisegundos captamos y podemos replicar su expresión facial, tono de voz... y tendemos a sincronizarnos emocionalmente.

Si el entusiasmo es tan contagioso se debe a tres cosas: (1) a su carga emocional positiva, (2) a su alta expresividad vocal y corporal —ahí está la sonrisa y la gestualidad de las que hablaremos pronto— y (3) a la fuerza del propósito que anida detrás. Por eso, cuando estás cerca de una persona entusiasmada, recibes un mensaje que va directo a tu yugular: «Esto importa. Esto es bueno. Esto vale la pena».

Piensa en cómo estallas en un concierto cuando la energía del artista inunda el lugar. Te mueves diferente, sacas voz de donde no hay. Me pasó en la última gira de Coldplay. Levanté los brazos con pulseras de led y canté junto a la pasarela por la que iba y venía Chris Martin. Como un adolescente emocionado, llegué pronto para coger buen sitio en la pista y me dejé llevar durante dos horas mágicas inundadas de letras que explican parte de su éxito.

Entre las explosiones de color surgía el consuelo de *Fix You*, la aceptación de los cambios de *Viva la vida*, la necesidad de soñar de *Paradise*... Todas ellas rebosantes de energía positiva.

Disfruté muchísimo con Chris cantándola a un paso, sobre todo porque este hombre no puede ser más majo. Aparte de su talento como artista, es un volcán de entusiasmo. Pues eso mismo has de hacer en el día a día: acercarte a personas que te invitan a bailar en la vida.

* * *

Las personas entusiastas no solo te contagian la energía del éxito, también te ofrecen un modelo de cómo actuar. Regresando a los valores, viven los suyos con intensidad. «No pierdas más tiempo discutiendo cómo debe ser una buena persona: sé una de ellas», escribía Marco Aurelio.

Nada inspira más que el ejemplo.

Rebuscando en tiempos pasados, pienso en la «dama de la lámpara». A mitad del XIX, cuando la enfermería era una labor poco reconocida y el sistema sanitario militar británico dejaba mucho que desear, Florence Nightingale irrumpió con su vibrante energía para cambiarlo todo. Las crónicas de la guerra de Crimea cuentan que, una noche tras otra, recorría los hospitales de campaña hasta altas horas de la madrugada con una lámpara en la mano. Ofrecía a los heridos la calidez de la llama de aceite, pero era su entrega la que en verdad iluminaba las estancias.

Los historiadores destacan su «entusiasmo inquebrantable por su tarea» y remarcan que era tremendamente contagioso: sus colaboradores se sentían impulsados a dar más, a actuar con rapidez y, sobre todo, con su mismo compromiso.

—Creo que los sentimientos se desperdician en palabras; deberían destilarse en acciones que produzcan resultados —les arengaba.

Y vaya si ella lo cumplía. Después de la guerra, durante décadas mantuvo correspondencia constante con políticos, médicos y líderes comunitarios para reformar el sistema hospitalario. Cada carta estaba impregnada de la misma energía que daba calor a los soldados.

Hoy en día, el mundo sigue lleno de personas entusiastas que pueden inspirarte de tú a tú. Por pura estadística tienes varias al alcance de tu mano. Por eso, al igual que nutres tu cuerpo con la dieta mediterránea o tu mente con lecturas estimulantes, has de escoger con quién te relacionas.

Decía el conferenciante Jim Rohn que somos la media de las cinco personas con las que pasamos más tiempo. Así que, cuando te sea posible, invierte tus minutos en aquellas que desprendan generosamente la energía del éxito. Pídeles que te hablen de sus proyectos y forma de vivir porque, créeme, estarán encantadas de compartirlo. Esto se debe a que ellas, a su vez, también habrán recibido la antorcha de alguien.

Mark Zuckerberg tuvo de mentor a Steve Jobs. Warren Buffet aprendió de Benjamin Graham, un inversor apodado el Decano de Wall Street. En el caso de la primatóloga Jane Goodall, la energía le llegó de su propia madre.

Margaret Myfanwe Joseph —la conocían como Vanne— fue la principal fuente de entusiasmo de la amante de los chimpancés. En una época en la que las mujeres tenían muchas puertas cerradas, mientras todos le recomendaban buscarse una meta realista, más apropiada para su edad, género y posibilidades, su madre impulsó su pasión por los animales.

—Si de verdad quieres hacer algo así, estoy contigo —le animaba—. Pero vas a tener que trabajar muy duro y aprovechar cada oportunidad. ¡Y nunca te rindas!

Está claro que sabía cómo ponerle las pilas AAA. Incluso viajó con ella a África en 1960 para que Jane obtuviera los permisos que le negaban por ser demasiado joven, y se instalaron juntas a orillas del lago Tanganica.

En conclusión: ábrete con humildad a recibir la energía de otros. De tu madre, de un compañero de trabajo, de esa persona que descubriste en LinkedIn y va a impartir una conferencia en tu ciudad. Las personas exitosas no son las que más saben, sino las que están dispuestas a aprender.

Vayamos ya con unos microhábitos que propicien este maravilloso contagio. Y antes de integrar en tu mundo a nuevas personas entusiastas, empecemos por aprovechar al máximo tus relaciones actuales.

* * *

El ya citado psiquiatra Robert Waldinger dirige en Harvard el estudio sobre la felicidad más longevo que jamás se ha llevado a cabo. Desde 1938, primero sus antecesores y ahora él vienen siguiendo la evolución de un grupo de estudiantes y su descendencia —la lista incluye hasta el presidente Kennedy—, y la conclusión es terminante: lo que realmente nos hace felices, por encima del dinero o la fama, son las buenas relaciones con las personas.

Siendo así, te sugiero que potencies las tuyas en dos niveles:

1. Alimenta los vínculos con aquellos amigos, compañeros o familiares que desprendan buena energía para que perduren y crezcan en intensidad e intimidad. Las relaciones necesitan tu tiempo y atención. Préstaselos y, a cambio, recibirás un alto interés.

2. Y no olvides recuperar amistades aletargadas con personas que en algún momento te han contagiado su entusiasmo. Muchas veces vamos aplazando esa llamada pendiente porque no encontramos el momento; y a pesar de que sabemos que va a venirnos muy bien, pasan los días, las semanas, los meses. ¿Y los años? Por desgracia, en ocasiones también los años.

Retomar relaciones cuesta, ya sea por pereza, por vergüenza dado el tiempo transcurrido o porque la vida da para lo que da. Pero vale la pena rescatar fuentes anteriores de alegría, admiración o consuelo. Me pasa con mis amigos de Londres. Un simple saludo de WhatsApp eleva mi entusiasmo a los niveles que mostraba en aquella época tan inspiradora. Y lo mismo me ocurre con los compañeros de la carrera.

Hace un tiempo me incorporé a un grupo maravilloso que organiza una quedada anual —vamos rotando y llevando al resto a nuestras respectivas ciudades de origen— y pasamos un fin de semana lleno de risas y abrazos mientras revivimos las mismas anécdotas de aquellos años emocionantes que a todos nos marcaron.

Con este microhábito, además, conseguirás salirte de la rueda del «no tengo tiempo» y recuperar la sensación de control de tu existencia. Y, sin duda, darás lugar a una espiral de energía positiva, ya que cuando muestras tu atención y afecto a una persona, esta se ve impulsada a hacer lo mismo.

Tal vez estés pensando: «¡Un momento, Andrés, tú mismo has dicho antes que para que algo bueno quepa en tu vida, has de crear espacio dejando ir parte de lo viejo! ¡Tampoco estará mal dejar ir algunas relaciones!». Tienes razón. Pero no aparques relaciones sanas y bellas por la mera inercia del calendario, que va arrancando hojas de forma implacable y te obliga a desatender todo lo que no parece esencial. Es entonces cuando has de distinguir entre lo importante y lo urgente. Y te aseguro que generar entusiasmo es tan importante como urgente.

Haciendo una referencia al mundo laboral —aunque también puedes llevar el consejo a otras facetas de tu vida—, el consultor Daniel Coyle nos recomienda no caer en lo que llama «síndrome del círculo menguante». Tendemos a relacionarnos cada vez más con personas de nuestro equipo a las que conocemos bien, y cada vez menos con las más distantes. Sobre todo, si trabajas en remoto, esto frena tu desarrollo profesional. Y para solucionarlo te propone algo tan sencillo como que hagas una llamada cada semana fuera de tu círculo habitual.

Puedes hacerla ahora mismo... pero no dejes de regresar a esta página al terminar. Una vez comprendida la importancia de cuidar tus relaciones ya existentes, vamos a invitar a nuevas personas entusiastas a comer.

* * *

«Los pobres han de invitar a los ricos a comer», recuerda Cristina Benito, a quien ya te he presentado. De primeras parece que has entendido el mensaje al revés, pero luego explica: «Hay que invitar a los ricos para saber cómo hacen lo que nosotros no sabemos hacer».

Lo mismo pasa con las personas ricas en entusiasmo.

«El hombre hecho a sí mismo no existe, estamos hechos de miles de otros», insisten Keith Ferrazzi y Tahl Raz en su superventas *Nunca comas solo*. Nos recuerdan que el secreto para crecer profesional y personalmente es optimizar tu red de contactos, y para ello has de acercarte a las personas con empatía. Solo así se forjan relaciones sinceras, generosas y duraderas, donde todos tienen algo que dar y recibir.

Haz lo que haga falta para sentar en tu mesa a personas entusiastas; y, cuando lo logres, saca el máximo partido. De esto va el siguiente ejercicio.

¡Que aproveche!

RECETA PARA UNA COMIDA ENTUSIASTA

1. HAZ LOS DEBERES. Antes de conocer a alguien de quien esperas inspiración, infórmate a fondo sobre esa persona. Estudia sus valores y objetivos. Saber del otro un poquito más de lo que todo el mundo sabe te ayudará a formular las preguntas adecuadas o intercalar un comentario que te será útil para conectar.

2. DOS OREJAS PARA ESCUCHAR, UNA BOCA PARA CALLAR. Sí, para callar. Como ya hemos visto en capítulos anteriores, no hay nada más efectivo que escuchar al otro como si fuera el único ser humano que existe en el mundo. Muestra una curiosidad insaciable. En su clásico *Cómo ganar amigos e influir sobre las personas*, Dale Carnegie decía que un dolor de muelas es más importante para tu interlocutor que una hambruna en China. Presta atención plena a los pequeños detalles de su vida. Además de servirte para conectar, sin duda serán importantísimos para extraer alguna enseñanza.

3. ANTES DE PEDIR, ENCUENTRA LA FORMA DE AYUDAR. No pasa nada por decirle abiertamente a tu interlocutor que buscas contagiarte de su entusiasmo, pero no olvides ofrecer algo a cambio —si has hecho los deberes, te será mucho más fácil encontrar algo que valga la pena—. Una simple recomendación para un viaje o sobre una película que case con su estilo puede hacerte saltar a otro nivel de intimidad.

A
Aplaude con ganas

El jefe de ventas de una marca de moda llamada Pompeii publicó en LinkedIn un *post* sobre el cierre «por fracaso» de una de sus tiendas. Esto, que de primeras suena a drama, me encantó porque era una rareza —casi nadie comparte en las redes sociales sus experiencias negativas— y porque, paradójicamente, su mensaje derrochaba entusiasmo. Dime si no te apetece entrar en su página y añadir a la cesta todo su catálogo de zapatillas:

> Hace un par de días pusimos fin a nuestra etapa en Bilbao. Es la primera vez que me enfrento a un cierre de tienda, pero hay que ser valientes, tomar decisiones en el momento correcto y, sobre todo, sacar aprendizajes. En cuanto a ti, Bilbao, volveremos. No sé cuándo ni en qué formato, pero te daremos una nueva versión mejorada de Pompeii.

Y terminaba con una foto del escaparate, en el que habían pegado un cartel de «Nos vamos por fracaso» entre caritas sonrientes.

Este valiente *post* de Carlos Mancebo, hoy experto independiente en expansión y ventas, no puede ser más inspirador. Desde que ponemos un pie en este mundo se nos dice que tenemos que ganar, triunfar, hacerlo todo bien. Si lo consigues, no eres ni más ni menos que lo que se espera de ti. Pero si no alcanzas el éxito en aquello que te propones, eres lo peor, la mayor decepción que podría sufrir tu madre.

Esta programación mental lleva aparejada una aversión a asumir riesgos y nos ancla en el miedo, vampiro del entusiasmo. ¿Cómo contrarrestarla? Aplaudiendo con ganas cuando las cosas no salen como esperamos, pero somos capaces de sobreponernos y seguir adelante.

Imagina que estás de público en una etapa de montaña del Tour de Francia y pasa un ciclista que se ha quedado atrás subiendo el puerto. Le aplaudes al ver que no puede con su alma, pero sigue intentándolo, erguido sobre la bici con los dientes apretados. Su actitud merece ese aplauso que le llena de energía.

Hablando de pedales, no hace mucho me invitaron a dar una conferencia en Colombia y compartí escenario con Rigoberto Urán, el ciclista más popular del país. Se ha convertido en un icono tanto por su recorrido sobre dos ruedas como por el que ha desarrollado como empresario en diversos sectores. ¡Y te lo cuento porque en su charla solo mostraba fotos de caídas! Colectivas, estrellado contra vallas, o la que sufrió en la Vuelta a Alemania, donde se fracturó los dos codos y la muñeca izquierda.

Tal vez pienses: ¿me estás pidiendo que celebre el fracaso porque es algo bueno? No. El fracaso, en sí, es desagradable y triste. Lo que no tiene que ser es frustrante. No se trata de aplaudir al fracaso; la cosa va de aplaudirte a ti por ser capaz de levantarte, por no permitir que los traspiés mermen tu libertad y capacidad de acción.

Verás cómo esta nueva programación mental dispara tu entusiasmo tanto como si estuvieras acercándote a la meta.

De hecho, eso es exactamente lo que estarás haciendo. Con cada fracaso bien gestionado, habrás dado un paso más hacia ella.

* * *

El jefe de ventas de Pompeii sería un buen ponente para Fuck-Up Nights —en español, dulcificado, «Noches de fracasos»—.

Los responsables de este movimiento mundial organizan eventos y talleres en los que se comparten historias de negocios o proyectos que no han ido como esperaban. Saben que es una estupenda herramienta de crecimiento para personas y organizaciones, partiendo de una triple premisa:

1. La mayoría de emprendedores no crean la compañía del año al primer intento.
2. Se aprende más de las historias de fracaso que de las de éxito.
3. Es divertido.

Lo bueno de estos encuentros es que los ponentes te cuentan tanto lo que fue mal ayer como lo que harían diferente hoy. El árbol genealógico del fracaso arroja luz para no tropezar de nuevo con la misma piedra y hacer estallar el entusiasmo: «¡Soy una persona más completa, mira lo que he aprendido y las nuevas posibilidades que se abren!».

El doctor Richard Wiseman, profesor de Psicología en la Universidad de Hertfordshire, lleva veinte años investigando la buena suerte. ¿Sabes cuáles son las dos conclusiones clave de sus estudios? Que tu forma de pensar determina el 90 % de tu existencia, quedando el 10 % restante para lo aleatorio; y que la buena suerte es el resultado de hábitos medibles, uno de los cuales es no venirte abajo porque tus posibilidades de éxito sean escasas... ni dejar que los fracasos te condicionen.

Las personas con suerte no se anclan en el victimismo del pasado; miran al presente con aceptación y atención, para construir el futuro con acción.

Esto es, tienen las pilas AAA a tope de *power*.

Por esto la palabra «fracaso» tiene su entrada en el diccionario del entusiasmo: porque quiere decir que te atreves a vivir. La que no tiene cabida es «fracasado». Del mismo modo, por ejemplo, que no es lo mismo estar triste que ser una persona triste.

No puedes controlar los acontecimientos, pero sí la actitud que muestras ante ellos, señalaba Viktor Frankl. Y la actitud —lo venimos viendo— influye en cómo percibimos el momento que nos toca vivir y hace que broten emociones positivas que, a su vez, nos motivan para perseguir nuestros objetivos, aun en el escenario más adverso.

El gran Thomas Edison, la noche que vio que su laboratorio estaba ardiendo tras alguna prueba desafortunada, en lugar de llevarse las manos a la cabeza entre lamentos, le dijo a su hijo con entusiasmo:

—¡Ve a buscar a tu madre y a todos nuestros amigos, nunca volveremos a ver un incendio como este! —Y completó—: Acabamos de deshacernos de un montón de basura y no soy tan viejo como para no poder comenzar de nuevo.

Al cabo de un mes, sus empleados doblaban turnos y producían los nuevos y revolucionarios productos que se le habían ocurrido mientras tuvo parada la fábrica.

Todos tenemos días buenos y no tan buenos, nuestra existencia es un mapa de picos y valles. Y ya habrás oído que hay una ecuación que suele funcionar si se gestiona bien: «Tragedia + Tiempo = Comedia». Nos viene bien tener todo ello en cuenta para convertir los infortunios en interruptores que, como le ocurrió a Edison, enciendan nuevas bombillas.

Y dado que toda meta lleva su tiempo, hablemos a continuación de lo que conviene hacer entretanto: seguir aplaudiendo con ganas, en este caso por los pequeños avances que vayamos logrando. No solo te lo digo yo; también la cantante de *country* a la que todos adoran.

* * *

Hace un par de años leí en *The Washington Post* un artículo titulado: «7 razones por las que todo el mundo ama a Dolly Parton». Explicaba que es una compositora e intérprete de enorme talento, una incansable trabajadora y empresaria —hasta tiene su propio parque de atracciones—, y generosa hasta la médula —aparte de dinero, su fundación Imagination Library ha donado casi doscientos millones de libros a niños de pocos recursos—. Pero, sobre todo, terminaba, es por el entusiasmo que ha desprendido desde niña: de familia muy humilde, construyó su primera guitarra con una vieja mandolina y cuerdas de piano oxidadas, que tocaba emocionada para sus hermanastros y una piara de cerdos.

Es obvio que Dolly no ha construido su universo personal de un día para otro. Todo cuesta trabajo y por eso, como narra en sus memorias, todo merece ser celebrado. Desde terminar una canción hasta estrenar un vestido para actuar, siempre con algún gesto visible: invitar a comer a su banda, organizar pequeñas fiestas en el autobús que los lleva de gira o hacer regalos personalizados a cualquier miembro del equipo que demuestra pasión por su trabajo. Da igual que lleve doce horas grabando un tema; si ha quedado bien, se va corriendo con sus altos tacones y ropa brillante para regresar al poco con una tarta.

Esta costumbre la lleva también a su vida personal, remarcando que no hacen falta grandes alardes, sino voluntad de honrar el camino y mantener la llama encendida. Y sin duda le sirvió con su esposo Carl Dean, un amable empresario del asfalto con quien compartió seis décadas hasta su reciente fallecimiento. A menudo se les veía brindando por su aniversario en las hamburgueserías o taquerías más sencillas de su amado Tennessee.

Pero mucho antes de que la cantante lo conociera en una lavandería, los grandes pensadores ya tenían clara la importancia de celebrar los pequeños logros.

En el siglo XVI, Ignacio de Loyola, fundador de la Compañía de Jesús, creó un método para generar entusiasmo que constaba de tres pasos: (1) visualización intensa de tu meta, (2) acción basada en tu propósito y, aquí quería llegar, (3) examen diario. Es fundamental pararse a reflexionar de forma periódica para detectar cuáles han sido los momentos de mayor energía, los logros y los aprendizajes que nos acercan a nuestros objetivos. Y, una vez detectados, debemos mostrar gratitud y aplaudirlos con ganas.

Este es el camino: párate, agradece y aplaude.

Como pasa con todas las propuestas de este libro, no importa que tu meta sea personal o profesional ni que tu negocio sea un recién nacido o una gran compañía. Toda multinacional comenzó siendo una hormiguita que transporta una miga a la espalda. Y, si no, mira las juergas que montaba de joven Jack Welch, uno de los directivos más influyentes del siglo XX.

Al inicio de su carrera como CEO de General Electric, implementó la siguiente iniciativa:

—Cada diez pedidos que nos hagan, paramos para tomar una cerveza; y cada vez que un cliente nos compre más de quinientos dólares, colgamos su nombre en la pared y ¡fiesta!

Como es natural, no eran grandes eventos corporativos, sino un reconocimiento simbólico para honrar el trabajo realizado, no dar por sentadas las cosas buenas que pasaban, y dedicarles un rato para tomar conciencia del logro antes de pasar a lo siguiente. Incluso desafiaba a sus mandos:

—¿Pensáis que celebráis lo suficientemente pronto y a menudo?

Si tenían dudas, los nombraba a todos «responsables de celebraciones» y les decía que se pusieran las pilas.

Esta cultura del reconocimiento por las microvictorias disparó la motivación e impulsó las ventas a niveles estratosféricos. Solo su producto Noryl —una resina industrial— vendió más de mil millones de dólares de aquellos años.

Una recomendación final de Welch: desarrolla tu gen de la generosidad y todos saldréis ganando. Y con ser generoso no solo se refiere a repartir elogios o recompensas; también a disfrutar con el éxito de tus compañeros. Frente al gen de la envidia, aplaude con ganas sus logros y energizarás el ambiente de forma espectacular.

* * *

Para cerrar esta palanca, vayamos con un ejercicio para practicar los dos aplausos: uno por ir consiguiendo avances en tus proyectos —el mero hecho de practicar el microhábito ya es una victoria— y otro por seguir caminando cuando algo se tuerce. Verás qué bien sienta tratarte con amabilidad y ternura, consciente de que somos seres maravillosamente incompletos que venimos a este mundo para crecer con la ayuda de quienes nos acompañan.

Las memorias de Dolly Parton tienen un título que me encanta: *My life and other unfinished business* —Mi vida y otros negocios inacabados—. A la diva del *country* tampoco le salió todo bien a la primera, pero nunca se apagó su fuego. Como banda sonora de este capítulo me quedo con *Light of a clear blue morning*, la canción que escribió tras una dolorosa ruptura profesional. Nadie ha cantado mejor cómo, tras la noche más larga, la luz siempre vuelve a inundar el cielo.

CÓMO PASAR DE FRACASADO/FRACASADA
A SER EL ORGULLO DE TU MADRE

1. UNA VEZ POR SEMANA, ESCRIBE EN UNA LIBRETA ALGO QUE NO TE HAYA SALIDO COMO ESPERABAS. No hace falta haber hundido una empresa, basta con un mal gesto o una frase desafortunada. Y recomiendo una libreta porque, cuando utilizas papel y boli, aumenta el compromiso.

2. PREGÚNTATE SI UNA PERSONA QUE TE QUIERE TAMBIÉN VERÍA LO OCURRIDO COMO UN FRACASO. Has de partir del supuesto de que ella también dispone de toda la información, incluyendo, por ejemplo, una preocupación que te robaba la atención cuando ocurrió.

3. INVIERTE LA PERSPECTIVA y pregúntate qué pensarías tú si quien hubiera sufrido la situación adversa fuera esa persona a quien quieres.

4. ESCRIBE LOS APRENDIZAJES que puedes extraer de la experiencia negativa.

5. ESCRIBE JUNTO AL FRACASO UN LOGRO tuyo en el mismo período —sirve cualquier reacción interior positiva o un comportamiento cotidiano que te enorgullezca—.

S
Sonríe porque sí

En una ruta que hice por Sudáfrica al poco de caer la segregación racial del *apartheid*, indagué en la figura de Mandela y me impresionó que hubiera sobrevivido dos décadas en una celda diminuta. Era tan pequeña que, si estiraba los brazos, podía tocar ambas paredes al mismo tiempo. Pero lo que realmente me marcó fue enterarme de que cada mañana sonreía a su carcelero. Lo imagino pensando: «Pueden robarme la libertad de movimiento, pero nadie me robará nunca la libertad de escoger cómo quiero sentirme».

Trasladado al entusiasmo, este no surge de las circunstancias que te envuelven, sino de tu ser más profundo.

La sonrisa de Mandela no era un acto naif. No pretendía dar a entender que todo estaba bien —recuerda lo que hablamos sobre la aceptación, primera A de la pila—. Tampoco era superficial ni condescendiente. Era una expresión de paz interior, presencia y compasión. Un acto que respondía de forma serena al entorno y lo transformaba, porque invitaba a su carcelero a actuar de igual manera. Christo Brand, así se llamaba, incluso narró en un libro llamado *Mandela, mi prisionero, mi amigo* cómo le inspiró la relación que mantuvieron.

Aparte de lo que aprendí en ese viaje, me siento capaz de hablar con convicción sobre esta palanca del entusiasmo porque desde siempre he sonreído mucho y vivo los beneficios. En el cóctel posterior a la entrega de un premio literario, una editora me dijo:

—Me he fijado en el público y eras el único que sonreía todo el rato.

Y yo le expliqué que se debía a varias razones: la escritora ganadora era amiga y estaba feliz por ella; me gustaba mucho su charla y era mi forma de agradecérselo; y el hecho mismo de sonreír hace que me sienta bien.

Esta decisión de «ser como quieres ser» en cualquier circunstancia, esta actitud de héroe —por lo que tiene de opuesta al victimismo—, es una declaración de principios y, además, una fuente de energía.

Incluso cuando tu sonrisa es de pegatina.

* * *

En un experimento de 1988, el psicólogo Fritz Strack demostró que el mero acto de sonreír, aun de forma deliberada —que no es lo mismo que forzada—, puede incrementar tu bienestar. Y la dinámica fue tan sencilla que, si te animas, puedes reproducirla ahora mismo.

Entregó un lapicero a cada participante y los dividió en dos grupos. A los primeros les pidió que lo sujetaran con los dientes, lo que les forzaba a activar los músculos cigomáticos mayores, que son los que usamos al sonreír; mientras que los segundos debían sujetarlo con los labios, lo que impedía esa activación. Hecho esto, les mostró unas viñetas humorísticas y les pidió que valorasen en qué grado les hacían gracia. ¿Imaginas cuál fue el resultado? A aquellos que habían activado los músculos de la sonrisa les parecieron mucho más divertidas que a los otros. Y no creas que estaban condicionados, ya que ninguno sabía que el estudio versaba sobre la influencia de la expresión facial en las emociones. De hecho, para despistarlos se les dijo que trataba sobre coordinación motora.

Habían bastado un lápiz y un par de minutos para dar fuerza a la idea de que nuestra expresión no solo refleja lo que sentimos, sino que, invirtiendo el sentido, también puede influir activamente en las emociones.

Otra prueba que puedes hacer ahora mismo es sujetar el lapicero con los dientes e intentar mostrar enfado por algo. ¡Verás qué complicado resulta soltar un juramento porque el Uber tarda mucho al mismo tiempo que sonríes!

Aunque hubo quien cuestionó la solidez del trabajo de Strack, otros investigadores lo corroboraron. Paul Ekman, pionero en el estudio de las emociones, pidió a los participantes que contrajeran determinados músculos faciales asociados a expresiones emocionales, pero sin decirles cuál de ellas estaban simulando. Por ejemplo, les pidió que frunciera el ceño. Acto seguido midió sus reacciones fisiológicas, como la frecuencia cardíaca o la temperatura de la piel, y comprobó que coincidían con las que habrían generado las emociones reales, en ese caso la del enfado.

Sonreír no es solo un síntoma de tu fuego interior; también actúa como un gatillo para generarlo. Sobre todo en contextos de tensión, mantener una sonrisa amable y genuina proyecta seguridad hacia los demás y refuerza los vínculos, al tiempo que mejora tu estado de ánimo y fortalece tu resiliencia emocional.

Y si no, que se lo digan a la madre Teresa de Calcuta.

* * *

Quienes conocieron a la fundadora de las Misioneras de la Caridad —periodistas, voluntarios y hasta líderes mundiales inspirados por su labor humanitaria— recuerdan su permanente sonrisa en entornos de sufrimiento extremo. Una curva enternecedora que se convirtió en un símbolo universal, como su sari blanco con bordes azules.

—Antes de dar pan y medicinas ofrezco una sonrisa, que también alimenta y cura —decía esta mujer excepcional—. Sonreír es el primer acto de amor.

Y remarcaba que ese acto nace de la disciplina:

—No depende de si tienes o no un buen día, sino de tu compromiso con los demás.

O lo que es lo mismo —retomando uno de los fundamentos de este método—: no tienes derecho a sonreír, tienes la responsabilidad de hacerlo.

Regala una sonrisa a quien te niegue la suya, porque será cuando más la necesite.

Se cuenta que, en la misma India fascinante donde trabajó la madre Teresa, muchos siglos antes, Buda fue abordado por un hombre que, lleno de ira, empezó a insultarlo. El maestro, lejos de responder con disgusto o enfado, lo contempló con su mirada serena y le ofreció una sonrisa. Sorprendido por esta reacción, el hombre preguntó:

—¿Por qué sonríes cuando te insulto?

Y Buda explicó:

—Si alguien te ofrece un regalo y no lo aceptas, ¿a quién pertenece? Pues lo mismo ocurre con tu ira. Si no la acepto, sigue siendo tuya.

La sonrisa te otorga el poder de rechazar lo negativo y, al tiempo, contagiar todo lo positivo que hay en ti. Como escribió la poetisa Ella Wheeler Wilcox: «Ríe y el mundo reirá contigo; llora y llorarás solo». Haz que quien se cruce contigo se vaya un poco más entusiasmado.

En ese instante, todo habrá adquirido sentido.

Solo falta conocer unos sencillos microhábitos que te ayudarán a convertirte en Julie Andrews.

* * *

Durante el rodaje de la escena de apertura de *Sonrisas y lágrimas*, el director pidió a su actriz protagonista que cantase y sonriese mientras corría por una colina de los Alpes. El problema era que en 1964 no había drones, así que para conseguir la toma panorámica utilizaron un helicóptero que, en cuanto se acercaba para filmar planos más cortos, tiraba a Julie al suelo con el remolino de las hélices. Pero, aun así, ella —despeinada y escupiendo hierba—, regresaba una y otra vez a la marca inicial y volvía a afinar la estrofa y a sonreír a la cámara como si no hubiera un mañana.

—¡Maria von Trapp nunca perdería la sonrisa! —exclamaba, refiriéndose a su personaje.

Sus compañeros decían que su sonrisa era tan profesional que la mantendría aunque le cayera un piano encima.

Sin llegar al extremo de arrojarnos instrumentos de cuatrocientos kilos para ponernos a prueba, practiquemos la sonrisa consciente.

Te aseguro que a mí ya se me ha dibujado una, de oreja a oreja, con solo pensar que en el siguiente capítulo voy a ponerte a bailar.

SONRISAS SIN LÁGRIMAS

1. SONRÍE EN CONDICIONES ADVERSAS. Cuando te toque realizar una tarea cotidiana que no te apetezca —fregar platos o esperar en una cola—, sonríe deliberadamente mientras la realizas, incluso si parece ridículo. Concéntrate en la sensación física: relaja la mandíbula, suaviza los ojos. Observa si la labor se siente menos pesada y si tu humor mejora. Para terminar, imagina que tu sonrisa es una señal de que estás disfrutando de la acción.

2. SONRÍE PARA ACOSTUMBRARTE A SONREÍR. Escoge un par de momentos fijos del día —cuando vayas con música caminando hacia el trabajo o al entrar a casa por la tarde— y sonríe durante un minuto de forma deliberada, recordando algo que te ilusione o hayas de agradecer. Esto preparará el gesto para que luego aflore de forma natural.

3. PRACTICA LA SONRISA UNIVERSAL. Durante una semana, proponte iniciar cada interacción con una sonrisa breve pero genuina, incluso con desconocidos —cajero, gente del trabajo, conductor de autobús, recepcionista—. Al final de la semana, reflexiona sobre si, gracias a ese gesto repetido, ha cambiado el tono de las conversaciones o tu propio estado de ánimo.

M
Mueve tus caderas

Los Burning, una de las bandas míticas del *rock* español, tenían claro que el remedio para superar los peores momentos es mover tus caderas adelante y atrás. Han pasado cincuenta años desde su formación, pero aún puedes verlos en los escenarios soltando mensajes alineados con este libro:

—¡Quien crea que la chispa del grupo se ha apagado está muy equivocado, seguimos ardiendo y todavía nos quedan muchos sueños que cumplir!

Lo que quizá no imaginan es que, cada vez que tocan su éxito *Mueve tus caderas*, están compartiendo una palanca para potenciar el entusiasmo.

Integrar el movimiento en tu rutina diaria no solo beneficia al cuerpo, también tiene un impacto significativo en tu estado mental y emocional. Puedes caminar, hacer ejercicio o, si te animas, bailar. Activarás áreas cerebrales que potencian funciones cognitivas —memoria, atención—, fomentarás tu neuroplasticidad y, de regalo, prenderás tu entusiasmo.

La vida es movimiento. El entusiasmo, también: es celebración, vibración, expresión, brota de lo más profundo de tu ser, inunda tu cuerpo y se proyecta hacia fuera. ¡Permítele que estalle!

Para ir paso a paso, empecemos por convertirnos en «langostas alfa».

* * *

Para disfrutar de una vida próspera y feliz —explica Jordan B. Peterson, del que ya hemos hablado— has de caminar como una langosta alfa, con el cuerpo derecho y los hombros hacia atrás.

Cuando te sientes débil, te cierras como una langosta derrotada. De forma inconsciente, te envuelves con los brazos, encoges las rodillas al sentarte, cualquier cosa para ocupar el menor espacio posible. Por el contrario, las personalidades carismáticas tienen claro que, si inhalas con fuerza, sacas un poco de pecho, te estiras y levantas la barbilla, te inundas de energía.

Diana Naya, mi mentora de bienestar físico, siempre dice que la postura es importantísima no solo para evitar dolencias crónicas, sino por cómo afecta a nuestro estado de ánimo y al funcionamiento del cerebro, ya que mente y cuerpo trabajan de manera conjunta y se intercambian información. El mantenerte erguido propicia un incremento de pensamientos positivos, autoestima y presencia que clava una estaca al vampiro del miedo y te invita a vivir.

Una actriz de teatro me contó que, para componer esta postura, caminaba como si alguien tirase de ella hacia arriba con un hilo imaginario que le salía del cráneo. El andar de este modo, aparte de resultar más estético, te permite un mayor control de tu cuerpo y facilita la respiración profunda. Incluso tiene efectos favorables en la voz. Cuando «tiras del hilo», todo el cuerpo se coloca en su sitio.

Y, cómo no, también es un signo de honestidad con tus valores y propósitos, lo que influye en tu comportamiento. Piensa en cómo los escultores y pintores retratan a los héroes: con la cabeza bien alta. No por casualidad estas posturas se denominan poses de poder.

La número uno en este tema es Amy Cuddy, una profesora de Harvard Business School que conectó con el público global con una gran conferencia TED. En ella explicaba que tu postura determina cómo te ven los demás, pero también influye en cómo te ves a ti mismo. Cuando vas erguido por la vida, tu inseguridad disminuye en la misma proporción que se dispara tu confianza.

Sus estudios demuestran que posiciones corporales tan sencillas como la de *Superman* o *Wonder Woman* —con las piernas un poco abiertas y las manos en las caderas— provocan una respuesta química que genera cambios hormonales, perceptivos y conductuales. Realmente, estamos ante una fuente de poder; y para activarlo basta con mantener la postura dos minutos frente a un espejo.

En ese brevísimo espacio de tiempo segregas un 20 % más de testosterona, la hormona del dominio, que te empuja a hacerte valer, a actuar y aprovechar el momento, a arriesgarte y persistir para conseguir lo que deseas; al mismo tiempo, se reducen tus niveles de cortisol, con lo que cae tu estrés y te afectan menos las circunstancias externas.

Cuddy también recomendaba la postura *Performer*, que consiste en separar los pies, elevar la barbilla y levantar los brazos en forma de V como si fueras Freddy Mercury. Es curioso pensar que incluso las personas que nacen con ceguera, sin haberlo visto hacer a nadie, cuando ganan una carrera o meten un gol en el recreo, componen instintivamente esta postura.

Y si tampoco te va la *Performer*, al menos preocúpate de buscar una postura lo más equilibrada posible. Como explica la experta en carisma corporativo Olivia Fox Cabane, basta con levantarte y sacudir tu cuerpo. Mueve tus brazos y tus piernas, eleva las rodillas, balancéalas hacia atrás. Suelta los hombros, el cuello. Y, hecho esto, posa tus pies firmes sobre el suelo, buscando esa postura estable que multiplicará tu confianza.

Esta inyección de seguridad se debe una vez más a tu pasado evolutivo, ya que, cuando tienes una postura bien asentada, estás listo para escapar de los depredadores.

Y ahora eres tú quien no te escapas: vamos a bailar un rato.

* * *

Cuando bailas, potencias tu entusiasmo porque rompes patrones y bloqueos. Con la música como vehículo, te olvidas de ti —patada lateral al ego— y te fundes con el todo. Pero, como verás, para conseguir ese efecto no es necesario que compres una bola de espejos y un bote de brillantina.

El simple movimiento de tus brazos mientras hablas ya cuenta como danza.

Durante un tiempo, yo fui la persona del planeta que más copas de vino tiraba en las cenas. Las empujaba sin querer cuando me emocionaba contando alguna anécdota. Hoy día me preocupo por prestar más atención y ya no tiro copas —de vez en cuanto me toca sujetar alguna antes de que se vuelque sobre la mesa—, pero sigo expresándome con la misma intensidad corporal. Al igual que intento expandir mi vocabulario entusiasta, no freno la expresividad de mi cuerpo porque sé que es una buena forma de generar y transmitir la energía del éxito.

«Las manos cuentan tu historia», dice Alberto García-Casillas, experto en comunicación y mi mentor como conferenciante. Pero siempre de forma consciente y equilibrada, sin caer en las llamadas *jazz hands* —mover las manos como si te estuviera dando un ataque epiléptico—.

Cuando alguien pregunta a Alberto por qué algunos ponentes de charlas TED son vistos por millones de personas, se remite a un estudio de Science of People, un laboratorio de investigación de la conducta humana. Allí, tras analizar miles de conferencias, los responsables concluyeron que eran fundamentales la sonrisa constante, la gestualidad y el movimiento suelto del cuerpo. Aunque visionasen los vídeos sin sonido, y desconociendo de qué hablaba cada conferenciante, eran capaces de adivinar cuáles eran los más populares.

Está claro que tu cuerpo no es solo un trípode para tu cabeza.

* * *

El problema, en la pista o en el baile gestual, es que tendemos a contenernos y bloquearnos por vergüenza o, directamente, por la creencia de que vamos a resultar ridículos. Una represión de la que solo se puede salir practicando.

> No esperes a tener confianza para actuar, actúa para tener confianza.

Y cuando hablo de actuar, también me refiero al sentido más teatral del verbo. Si tu lenguaje corporal entusiasta no te sale de dentro, empieza representando un papel.

Los anglosajones tienen una expresión: *fake it till you make it* —imítalo hasta que lo consigas— que no va de aparentar ser algo que no eres, sino de actuar como si ya tuvieras las habilidades necesarias para alcanzar una meta que te hayas forjado. De esta forma, moldeas positivamente el cerebro y terminas integrando la habilidad —en nuestro caso, el movimiento corporal— como una cualidad tuya.

Fritz Strack, a quien ya he mencionado por su experimento de la sonrisa deliberada, desarrolló otro trabajo igual de revelador acerca del efecto de la postura corporal sobre nuestra autoconfianza y resultados. De nuevo, dividió a los participantes en dos grupos. A los primeros les pidió que adoptaran una pose erguida y abierta de langosta alfa mientras que los segundos debían encorvarse y cerrarse. Tras mantenerse así el tiempo oportuno, les hicieron llevar a cabo unas tareas que requerían habilidades cognitivas. Se evaluó su desempeño y, como habrás adivinado, los miembros del primer grupo las ejecutaron con más éxito.

Siguiendo con los experimentos, deja que te proponga uno —un juego, en realidad— que es una inyección exprés de entusiasmo. Empieza por levantarte y dejar este libro a un lado...

El baile de la BonoLoto

Intenta bailar unos segundos sin pensar en nada. Verás cómo te resulta tremendamente difícil. Salvo que estés acostumbrado, pensarás: ¡sin música es imposible!

A continuación, imagina que acabas de enterarte de que te ha tocado la BonoLoto e inténtalo de nuevo. Apuesto a que, aunque la habitación esté en silencio, actuarás como si una fuerte música te envolviera. ¡Ochenta millones de euros!

Una vez conectado a esa frecuencia, olvídate de la lotería y sigue moviéndote de forma fluida. Libera esa energía que solemos mantener encarcelada. Muévete sin juzgar, sin corregir, da igual que carezcas de técnica. Brazos, cuello, hombros, pies, de forma suave o enérgica. Cabe reír, cantar, dar vueltas o solo balancearte. En cualquier caso, romperás bloqueos emocionales, destruirás patrones de fatiga y apatía, y conectarás con la alegría más básica: la de estar vivo.

* * *

Antes de saltar a la última palanca del decálogo, deja que nos asomemos al nivel más profundo del movimiento. Es tan sutil que solo podrás detectarlo con tu sexto sentido. Y no me refiero al del niño de aquella película que decía: «En ocasiones veo muertos». Estoy hablando de la propiocepción, una habilidad con un nombre terrible, pero que resulta muy útil para tomar el control de tu cuerpo.

El nombre viene de los propioceptores, unos receptores alojados en músculos, tendones y articulaciones que se encargan de informar al sistema nervioso central sobre si cada parte del cuerpo está en tensión, estirada, contraída… Al combinar estos datos con los que provienen de los otros cinco sentidos, creamos una imagen completa de nuestra posición en el espacio y somos capaces de mantener el equilibrio, corregir la postura y realizar movimientos precisos.

A más control, menos averías.

Yo por las mañanas suelo escribir en la cama. Me monto, eso sí, una especie de trono con unas cuantas almohadas y cojines, colocados milimétricamente con la experiencia de años para tener el cuerpo relajado y todas sus partes apoyadas como es debido, sin rigidez. Entonces aprovecho para entrenar la propiocepción. A cada rato, me concentro en detectar pequeños puntos de tensión y relajarlos: la espalda, el cuello, las piernas...

Y, atención, muchas veces noto que lo que tengo en tensión es el rostro. No imaginas cuántas veces fruncimos el ceño sin enterarnos. ¡Te aseguro que esta rutina es mucho más efectiva que el mejor lote de cremas antiarrugas!

Chris Martin, el cantante de Coldplay del que ya he hablado, puso la propiocepción un poco más en el mapa. Este entusiasta empedernido estaba atravesando un período de depresión, como reconoció en un vídeo que se grabó a sí mismo sentado en el suelo de un paseo de Hong Kong. Pidió disculpas a los *fans* por no haber estado a tope en el concierto de esa tarde y compartió algunos remedios que le ayudaban a salir adelante en esos momentos duros, entre los que se encontraba entrenar la propiocepción.

En un momento dado, Chris miró a ambos lados y añadió:

—Hay taladros, hay niños corriendo, perros ladrando, hay todo tipo de caos, pero así es la vida.

Me gusta este vídeo tanto como los de sus mejores canciones. Aceptación, atención y acción. Lo importante es buscar tus herramientas.

Deja que te proponga un último ejercicio de microhábitos para convertir tu cuerpo en una vía por la que fluya la energía del éxito.

En ocasiones veo vida

1. Enraízate. De pie o en una silla, pon los pies paralelos y firmes en el suelo. Cierra los ojos y lleva tu atención a las plantas. Haz tres respiraciones profundas, y con cada una repite internamente: «Estoy en mi cuerpo. Estoy aquí y ahora. Estoy presente».

2. Encuentra tu centro. Mantén el equilibrio sobre una pierna —al principio puedes ayudarte con un apoyo—. Al cabo de treinta segundos —o hasta donde llegues—, cambia de pierna. Puedes hacerlo tres veces e ir incorporando dificultad: con los ojos cerrados y sobre una superficie blanda —almohada o toalla—.

3. Camina con presencia. Haz un pequeño recorrido, lento y consciente, como si estuvieras aprendiendo a caminar. Siente el peso del cuerpo al pasar de un pie al otro. Escucha el sonido de tus pasos. Mantén la atención en cada gesto. Para completar esta meditación activa puedes incorporar mentalmente la siguiente frase: «Cada paso me conecta con la tierra. Camino con intención. Siento mi energía en movimiento».

4. Explora el movimiento libre. Pon una música suave o estimulante y deja que tu cuerpo se mueva como quiera. No hay pasos, no hay coreografía, solo tú y tus sensaciones internas. ¿Cómo quiere expresarse hoy tu energía? Gira los brazos, mueve las caderas, dobla las rodillas, suéltate... Observa qué zonas se sienten rígidas y cuáles libres. Disfruta del movimiento sin objetivo. El juego sin juicio es una fuente de entusiasmo.

5. Da gracias por la transformación. Lleva tu atención a tu cuerpo y nota qué ha cambiado. ¿Hay más ligereza, calor, apertura? La propiocepción responde a la pregunta: ¿dónde y cómo estoy? La gratitud responde a la pregunta: ¿qué hay de valioso aquí y ahora? Cuando unes ambas prácticas, creas un estado ideal para que surja el entusiasmo. Vivir ya es motivo suficiente.

6. Ancla la sensación. Regresa a la postura inicial, respira profundamente una vez más. Pon una mano en tu pecho y otra en el abdomen, y piensa: «Siento mi cuerpo. Estoy vivo. Puedo entusiasmarme».

O
Observa el mundo con ojos de niño

Recuerdo una anécdota con mi ahijada Carlota —por aquel entonces tenía cuatro años— en un monte cercano a Cambrils, un bonito pueblo costero en el que mis padres pasan temporadas. Estábamos jugando a explorar el bosque cuando ella se agachó a observar algo que había en el suelo. Me acerqué y, girándose hacia mí con los ojos brillantes, exclamó:

—¡Mira qué hoja!

Lo hizo como si fuera el descubrimiento arqueológico más importante de la historia. ¿Por qué? Porque, para ella, esa hoja «realmente» era importante. Como todos los niños de su edad, miraba el mundo como si fuera la primera vez. Más aún, como si fuera la única vez.

No desperdiciaba un minuto sin entusiasmarse.

¿Qué nos ocurre, por el contrario, en la edad adulta? ¿Por qué la mente nos convence de que no perdamos tiempo contemplando una hoja, ya que las hay por todas partes?

Ninguna hoja es igual a otra. Y si por causalidad lo fuera —al igual que, al principio del decálogo, decía de las tazas de té—, serás tú quien habrás cambiado. Al mirarla desde otro ángulo, la observarás desde otra perspectiva física; y, a buen seguro, desde otra perspectiva interior. Dependiendo de tu estado emocional, la percibirás de diferentes formas.

Seguro que, de haber coincidido en el cole, mi ahijada se habría llevado muy bien con Carl Sagan, el científico que nunca dejó de ser niño.

* * *

«Somos polvo de estrellas reflexionando sobre las estrellas».

Esta icónica frase no es solo poesía. Para el gran divulgador de la serie *Cosmos*, nuestros átomos están compuestos de restos de estrellas que murieron en el pasado remoto del universo. ¿Cómo no vas a mirar al cielo y asombrarte?

Con apenas cinco años, Sagan pasaba horas en la biblioteca pública de Brooklyn. Un día pidió un libro sobre «las estrellas» esperando uno de fantasía... y le dieron un manual de astronomía. De primeras se quedó perplejo, pero aquello despertó su fascinación por la ciencia. Poco después, sus padres lo llevaron a la Exposición Universal de Nueva York, donde se asomó a su primer telescopio. Y, ya como adolescente, en el planetario de Nueva York vio una simulación de Saturno con sus anillos y quedó fascinado. Le pareció un sueño que quería perseguir, de pronto necesitaba saber todo sobre el espacio. Su asombro se volvió científico, pero nunca perdió la mirada de niño que lo catapultó a la fama.

Los adultos, debía pensar, tienen demasiadas respuestas y pocas preguntas.

Lideró el diseño del Golden Record, el disco que viaja en las sondas Voyager en 1977 con sonidos e imágenes de la Tierra esperando llegar a manos extraterrestres. Y ¿sabes qué incluyó, además de música y saludos en decenas de idiomas? Sonidos de besos y la risa de un bebé. Ahí estaba su ternura, y también el juego, ver la vida como un experimento gigante en el que todo está conectado. Para Sagan, la ciencia no era una profesión, era una pasión.

Los datos recopilados por el telescopio espacial Hubble sugieren que hay unos dos billones de galaxias; se estima que solo en la nuestra hay entre cien mil y cuatrocientos mil millones de estrellas; y las sondas Voyager tardarán setenta mil años en acercarse a Próxima Centauri, la más cercana a nuestro sistema solar. ¡A la más cercana!

Estas cifras no caben en una mente adulta. La probabilidad de que las sondas alcancen otra civilización es tan irrisoria que casi todo el mundo habría dicho: «No merece la pena iniciar este proyecto». Pero Sagan sabía que solo podemos avanzar —como personas y civilización— si miramos el mundo como aquel niño que se hizo con un libro inesperado en la biblioteca de Brooklyn.

Observa lo que tienes delante con esos ojos que no han perdido la curiosidad, que te hacen absorberlo todo, aprenderlo todo, disfrutarlo todo. «¿Qué hay más allá? ¿Hasta dónde puedo llegar?», se preguntan los niños antes de lanzarse a una nueva aventura. Para ellos, cada día es una nueva aventura.

Sigamos viviendo la que tenemos entre manos, viajando ahora al antiguo Japón.

* * *

Cuentan que un viejo samurái pasaba los días meditando en el porche de su casa. Se sentaba en el suelo con su espada a un lado y, al otro, una vela que avivaba cada minuto para que nunca, bajo ningún concepto, se apagara.

A medida que pasaba el tiempo fue acrecentándose su fama y, con ella, las teorías acerca de aquella vela eterna. Algunos decían que era una forma de honrar a sus ancestros. Otros apostaban por un ritual oculto del *bushido*, el camino del guerrero. Había quien afirmaba, incluso, que era una herramienta para ejercitar el control mental.

Harto de escuchar una versión diferente de cada vecino que se acercaba a cotillear, el viejo samurái alzó un día la cabeza y dijo:

—La maldita vela es para ahuyentar a los mosquitos.

Cuando miramos el mundo con ojos de adulto, se nos viene encima una catarata de prejuicios y creencias de cómo tienen que ser las cosas —o como esperamos o tememos que sean— que apagan el asombro. No nos dejan ver lo que realmente sucede en este instante.

Por el contrario, mirar el mundo con ojos de niño te libera de velos y te abre a la curiosidad, la escucha, la fascinación, el aprendizaje y el disfrute.

Piensa en un niño que juega durante horas con una caja de cartón. Es capaz de entusiasmarse porque no está atrapado en juicios de adulto: «esto parece sacado de la basura», «esto es aburrido» o «¡esto no es lo suficientemente bueno, lo que yo quiero es la gasolinera de plástico del vecino!».

> El entusiasmo no está en lo que ves,
> sino en cómo lo miras.

Me encanta caminar por barrios de Madrid apartados del centro. Subo al metro y me voy allá donde «no hay nada interesante», que diría alguno. Y te aseguro que, nada más salir de la estación, empiezo a ver edificaciones diversas, letreros antiguos, escaparates decorados con pocos recursos y mucho mimo, locales *vintage* que frecuentan familias recientes.

Son lugares donde disfruto contemplando... la vida. He tenido la fortuna de viajar mucho, pero para asombrarme no necesito volar a paraísos lejanos.

Mirar el mundo con ojos de niño no es volver atrás, es volver a ver. Recupera la capacidad de maravillarte con cada hoja de un bosque. Busca el matiz que la hace diferente, formula muchas preguntas y suelta un «guau» siempre que tengas oportunidad. A mí me encanta encontrar misterios por todas partes. Recoger piedrecitas y conchas en la playa, y alegrarme tanto como si hubiera encontrado esmeraldas y rubíes.

* * *

Y si el día ha empezado torcido y necesitas levantarte el ánimo, como remedio de urgencia siempre puedes buscar en internet una foto de Richard Appiah Akoto, un profesor de Ghana del que podemos aprender mucho.

A partir de 2011, debido a una nueva ley de este país africano, para pasar de curso los estudiantes debían superar un examen de Tecnologías de la Información; o lo que es lo mismo, tenían que dominar el tratamiento de textos con ordenador. ¿Cuál era el problema de Appiah? Que su escuela no tenía material informático alguno, ni dinero para comprarlo.

En un primer momento se deshizo en quejas, pero al poco se preguntó: «¿Qué haría uno de mis alumnos si estuviera en mi situación?». Y comenzó a dibujar en la pizarra la interfaz de la aplicación Word.

Con una tiza blanca reprodujo con un detalle asombroso todas y cada una de las herramientas, menús y barras del procesador de texto. Para los niños era como estar viendo una enorme pantalla con anotaciones didácticas junto a cada icono. Y, si esto te impresiona, piensa que Appiah ¡tenía que dibujarlo cada día al empezar la clase! ¿Qué otra cosa podía hacer? El profesor de lengua lo borraría entero para escribir sus adjetivos y verbos.

Las palabras que desde luego no cabían en aquella pizarra eran frustración, desánimo o impotencia. En lugar de echarse a llorar, Appiah prefirió tirar para adelante sin preguntarse si era una absurda idea infantil. Los niños no veían esa situación como algo trágico. No les daba pereza dibujar, ni tan siquiera de forma repetida. De hecho, ¡así cada día podían hacerlo mejor!

Él mismo colgó en una red social las fotos de su dibujo con el mensaje: «¡Enseñar informática en las escuelas de Ghana es muy divertido!». Y es que realmente lo creía, su entusiasmo era genuino. Aquel joven maestro no solo enseñaba a procesar documentos de Word: también enseñaba convicción, entrega y disfrute. Y por eso generó un impacto real.

Las imágenes se viralizaron y Microsoft les envió unos equipos.

Esta historia es un regalo para poner el broche a todas las que hemos compartido en los anteriores capítulos. Appiah tenía un propósito claro: mejorar la vida de sus alumnos. Y no permitía la entrada en clase a los vampiros del entusiasmo:

Frente a la queja, aceptación. «¡Esto es lo que hay, agradezcamos el ser capaces de dibujar y, de paso, disfrutemos del rato!».

Frente al caos interior, atención. «¡Cada icono es distinto, hay que dibujarlos con cuidado, paso a paso y sin prisa!».

Frente al miedo, acción. «¡Hagámoslo cada día y, de regalo, compartámoslo con el mundo!».

Y si lo trasladamos al ciclo del entusiasmo (Actitud → Percepción → Emoción → Comportamiento), vemos que la historia de Appiah parte de una actitud brillante que le lleva a celebrar el momento como lo harían sus alumnos. A partir de ahí, deja de mirar la pizarra como si fuera un elemento de escasez y empieza a verla como una herramienta poderosa. ¿Qué emociones brotan entonces? Orgullo por su profesión, esperanza, diversión... Y esto impulsa sus acciones, llevándole a crear dibujos imposibles que se hacen virales.

* * *

Los antiguos maestros zen llamaban a esta palanca del entusiasmo mente de principiante. Y, como el resto de habilidades, se puede entrenar.

Piensa en la última vez que te emocionaste con algo cotidiano: un encuentro con alguien interesante, un bello atardecer. Ese instante te entusiasmó porque estabas realmente ahí. No andabas revisando el teléfono, ni girándote para ver quién se acercaba por detrás. Vivías intensamente la experiencia.

Generemos esta sensación única con el último ejercicio de este libro.

Saborea el momento

Cada día, saborea de forma intensa una experiencia poniendo en ella los cinco sentidos. Si quieres empezar por un clásico, practícalo mientras te duchas. Siente el tacto del agua resbalando por tu cuerpo, escucha cómo se forma un río a tus pies y se escurre por el desagüe, observa las gotas y el vapor que se forman en el cristal, descifra la esencia de flores o menta o fruta del jabón... Presta atención sentido a sentido, conscientemente, intensamente.

Una vez individualizadas las sensaciones, entrégate a la experiencia como un todo. Es lo mismo que hacemos cuando escuchamos una orquesta. Si sabes un poquito de música puedes identificar el violín, los cornos, el timbal... Pero la experiencia se sublima cuando te sumerges en el todo y lo vives en plenitud.

Con este ejercicio obtienes dos beneficios: evitas pasar por la experiencia como un acto rutinario que te empuja a pensar en lo siguiente que tienes de hacer —vestirte, conducir hasta el trabajo, lidiar con los clientes...—, con lo que rompes la estresante espiral de anticipación; y evitas que ese rato agradable se convierta en un tiempo muerto que atraerá todo tipo de pensamientos negativos sobre culpas del ayer o preocupaciones por cosas que todavía no han ocurrido.

DECÁLOGO DEL ENTUSIASMO

ENCUENTRA UN PROPÓSITO
El día que descubres el propósito que te guía empiezas realmente a vivir.

NUTRE TU CUERPO Y MENTE
El entusiasmo se expresa a través del cuerpo y depende de su buena forma.

TONIFICA TU LENGUAJE
Las palabras que utilizamos no solo describen la realidad, la crean.

UTILIZA EL HUMOR
No hace falta ser monologuista para reírse de uno mismo y crecer.

SIGUE TU PROPIO CAMINO
Cuando perseguimos lo que amamos, se abren mil puertas de prosperidad.

INVITA A PERSONAS ENTUSIASTAS A COMER
Todos los grandes han tenido mentores que les contagiaron la energía del éxito.

APLAUDE CON GANAS
Nada motiva más que aplaudir los pequeños avances y las grandes remontadas.

SONRÍE PORQUE SÍ
Sonreír es el primer acto de amor, no depende de si tenemos o no un buen día.

MUEVE TUS CADERAS
La postura y el movimiento son poderosos motores del entusiasmo.

OBSERVA EL MUNDO CON OJOS DE NIÑO
El entusiasmo no está en lo que vemos, sino en cómo lo miramos.

Epílogo

Siempre he sido muy fan de la serie *Friends*; y me encanta el cameo de Alec Baldwin, que aparece en un par de capítulos como ligue de Phoebe —una de las protagonistas—. Su personaje tiene una forma de ser tan, pero tan positiva, que, cuando sale de un ascensor, exclama con emoción:

—¡Madre mía, qué rellano tan bien iluminado!

Como es natural, Phoebe acaba saturada y corta con él diciéndole:

—¡Lo tuyo no es entusiasmo! ¡No todo irradia la luz de un millón de hadas!

Y Alec, muy digno, aún se defiende:

—Perdóname por buscarle el lado positivo a un atasco, me flipaban esas luces de freno.

La vida es compleja y no podemos estar siempre encendidos. Pero confío que, después de leer este libro, decidas mantener contra viento y marea la actitud de entusiasmo que nos convierte en personas más libres, prósperas y felices.

Cuando estoy metido a fondo con un libro, muchas veces me preguntan:

—¿Cómo es posible que todos los días estés inspirado?

—No todos los días estoy inspirado —contesto yo.

La siguiente pregunta es:

—¿Y qué haces cuando no lo estás?

Y respondo:

—Escribir.

Después de los años, sé que no puedo quedarme esperando hasta que llegue la inspiración porque ese estado no surge si estoy parado. Por eso, cuando me despierto, ya sea con mejor o peor humor, me siento frente al portátil y empiezo a darle al teclado hasta que por la fricción de los dedos surge la chispa... creativa.

Otra pregunta que suelen hacerme es cómo me mantengo motivado en un proyecto tan largo. Y explico que, aunque tenga un día terrorífico y no me salgan frases bonitas, siempre puedo realizar labores mecánicas que son igual de necesarias para sacar un libro adelante: corregir, documentarme, diseñar perfiles psicológicos de los personajes de las novelas...

Pero, por encima de todo, lo que más me motiva es saber que en cada momento estoy haciendo, ni más ni menos, lo que está en mi mano hacer.

> Echa a andar ahora y, por el camino, generarás la energía del éxito.

Ahora tienes las herramientas que necesitas para dar ese primer paso con el que comienza todo gran viaje. Si practicas cada día, alcanzarás preciosos destinos. Y todo el mundo cruzará los dedos para que estés en su mesa en una boda.

Ha sido un placer y un lujo compartir contigo estas páginas.

¡Un millón de gracias por tu entusiasmo!

31 de agosto de 2025

Notas y referencias bibliográficas

Algunas publicaciones anteriormente mencionadas o de las que he extraído citas:

Sobre la actitud

Ajzen, I., y Fishbein, M. (1980). *Understanding attitudes and predicting social behavior.* Prentice-Hall. Sobre cómo las actitudes influyen en la intención y el comportamiento.

Barsade, S. G. (2002). «The ripple effect. Emotional contagion and its influence on group behavior». *Administrative Science Quarterly*, 47(4), 644-675. Sobre cómo las emociones —y actitudes emocionales— se contagian en contextos grupales.

Dweck, C. S. (2006). *Mindset. The new psychology of success.* Random House. Sobre cómo una actitud de crecimiento afecta al aprendizaje, la motivación y el logro.

Fredrickson, B. L. (2001). «The role of positive emotions in positive psychology. The broaden-and-build theory of positive emotions». *American Psychologist*, 56(3), 218-226. Sobre cómo las emociones positivas amplían nuestra atención, cognición y repertorio de acciones.

Goleman, D. (2006). *Social intelligence. The new science of human relationships.* Bantam. Sobre el contagio emocional y el papel de las actitudes en la sintonía social.

LAZARUS, R. S. y FOLKMAN, S. (1984). *Stress, Appraisal, and Coping.* Springer. Teoría de la evaluación cognitiva. Sobre cómo nuestras emociones, lejos de ser reacciones automáticas a estímulos, están condicionadas por nuestra interpretación y evaluación de cada situación.

SELIGMAN, M. E. P. (2006). *Learned optimism. How to change your mind and your life.* Vintage. Sobre cómo una actitud optimista incide en la salud, la resiliencia y el rendimiento.

SOBRE LA NEUROCIENCIA DE LAS EMOCIONES POSITIVAS

DAVIDSON, R. J., y BEGLEY, S. (2012). *The emotional life of your brain. How its unique patterns affect the way you think, feel, and live-and how you can change them.* Penguin Group. Sobre cómo los estados emocionales positivos pueden cambiar patrones cerebrales y fomentar la neuroplasticidad, mejorando la resiliencia emocional.

HUBERMAN, A. (2021). The Huberman Lab Podcast. Episodio 44. «How to train your brain to be more positive. A neuroscientific approach to improving happiness and reducing stress». https://hubermanlab.com. Sobre cómo las emociones positivas impactan en la neuroplasticidad del cerebro y el comportamiento.

KERN, M. L., y FRIEDMAN, H. S. (2008). «Personality and coping. Emotional intelligence and self-esteem as mediators of the relationship between personality and well-being». *Journal of Research in Personality*, 42(4), 1143-1152. Sobre la relación entre la personalidad, las emociones positivas como el entusiasmo, y la capacidad de adaptación a cambios, destacando cómo estas emociones influencian la neuroquímica y las conexiones neuronales.

O'REILLY, R. C., y FRANK, M. J. (2006). «Making working memory work. A computational model of learning in the prefrontal cortex and basal ganglia». *Neural Computation*, 18(2). 283-328. Sobre cómo las emociones positivas y la motivación, incluyendo el entusiasmo, mejoran la función de la memoria de trabajo a través de la interacción entre las áreas cerebrales como la corteza prefrontal y los ganglios basales, áreas clave para la toma de decisiones y el aprendizaje.

PHELPS, E. A., y LEDOUX, J. E. (2005). «Contributions of the amygdala to emotion processing. From rodents to humans». *Neuron*, 48(2),

175-187. Sobre cómo la amígdala, una de las áreas clave del cerebro involucrada en las emociones, se activa ante situaciones que generan emociones positivas, y cómo esto influye en la toma de decisiones y en la adaptabilidad frente a situaciones nuevas.

SCHULTZ, W. (2015). «Neuronal reward and decision signals. From theories to data». *Physiological Reviews*, 95(3), 853-951. Sobre cómo las señales de recompensa en el cerebro, relacionadas con emociones positivas, activan circuitos neuronales importantes para la toma de decisiones, la motivación y la neuroplasticidad.

SOBRE LA GRANDEZA DE LOS MICROHÁBITOS

CHAMBLISS, D. F. (1989). «The mundanity of excellence. An ethnographic report on stratification and olympic swimmers», *Sociological Theory*, 7(1), 70-86. Sobre las claves del éxito de los nadadores de élite.

CLEAR, J. (2019). *Hábitos atómicos.* Paidós. En este libro podrás encontrar así mismo la inspiradora historia de sir Dave Brailsford, director de rendimiento del equipo de ciclismo de Gran Bretaña, y su estrategia de «agregación de ganancias marginales».

SOBRE LA MOTIVACIÓN

CARLIN, J. (2011). *Rafa, mi historia.* Indicios.

CSÍKSZENTMIHÁLYI, M. (2024). *Flow. The psychology of optimal experience.* Harper Perennial.

MIYAZAKI, H. En cuanto a su proceso creativo, documental de NHK *10 años con Hayao Miyazaki, El reino de los sueños y la locura* y las entrevistas recogidas en el libro *Starting Point. 1979-1996*, en el que habla sobre su filosofía del trabajo y la creación.

SOBRE EL PROPÓSITO

BOREHAM, I. D, y SCHUTTE, N. S. (2023). «The relationship between purpose in life and depression and anxiety. A meta-analysis». *Journal of Clinical Psychology*, 79(12, 2736-2763.

FRANKL, V. (2015). *El hombre en busca de sentido.* Herder Editorial.

Miralles, F. y García, H. (2022). *Ikigai. Los secretos de Japón para una vida larga y joven.* Urano.

Rovira, Á., y Miralles, F. (2025). *Homo Solver. Los 15 problemas que deberás resolver para que tu vida valga la pena.* Kitaeru Libros.

Otras referencias

Andrews, J. (2008). *Home. A memoir of my early years.* Grand Central Publishing.

Armstrong, L. E., *et al.* (2012). «Hydration biomarkers and dietary fluid consumption of women». *Journal of the Academy of Nutrition and Dietetics*, 112(7), 1056-1061.

Benito, C. (2019). *Money Mindfulness.* Grijalbo.

— (2020). *Time Mindfulness.* Grijalbo.

Brand, C., y Jones, B. (2014). *Mandela, mi prisionero, mi amigo.* Ediciones Península.

Burkeman, O. (2023). *Cuatro mil semanas.* Booket.

Catmull, E., y Wallace, A. (2014). *Creativity, Inc.* Random House.

Davidson, K. (2000). *Carl Sagan. A life.* Trade Paper Press.

Duckworth, A. (2016). *Grit. The power of passion and perseverance.* Scribner.

Ferrazzi, K., y Raz, T. (2013). *Nunca comas solo.* Profit Editorial.

Feyman, R. P. (2016). *¿Está usted de broma, Sr. Feynman?* Alianza.

Gómez Urzaiz, B. (2019). «Arianna Huffington, la mujer que combatió el 'burnout'», Vogue España, 6 de junio de 2019: https://www.vogue.es/lideres/articulos/arianna-huffington-mujer-experiencia-combatir-burnout-estres-laboral/43

Housel, M. (2023). *La psicología del dinero.* Booket.

Kristin, N. (2011). *Self-Compassion. The proven power of being kind to yourself.* William Morrow.

Loewenstein, G. (1994). «The psychology of curiosity. A review and reinterpretation». *Psychological Bulletin*, 116(1), 75-98.

Manson, M. (2018). *El sutil arte de que (casi todo) te importe una mierda.* HarperCollins.

O'Quin, K., y Aronoff, J. (1981). «Humor as a technique of social influence». *Social Psychology Quarterly*, 44(4), 349-357.

PARTON, D. (1994). *Dolly. My Life and other unfinished business.* HarperCollins.
SMALL, H. (1999). *Florence nightingale. Avenging angel.* Palgrave Macmillan.
SUZUKI, N. (2020). *Wabi Sabi para la vida cotidiana.* Obelisco.
TORRALBA, F. (2014). *El entusiasmo.* Milenio Publicaciones.
WELCH, J. (2003). *Jack. Straight from the gut.* Grand Central Publishing.

La frase que hago mía de las «esmeraldas y rubíes» está inspirada en una cita de Osho.

Agradecimientos

A Francesc Miralles, por ser el mejor compañero de viaje en tantas aventuras dentro y fuera de los libros. Un millón de gracias por acompañarme en cada página de este manual tan especial para mí.

A mis editoras, Virginia Galán, Inés de Cuenca, Isabel Panadero, y a todo el impresionante equipo de Espasa, por entusiasmaros desde el minuto uno con este proyecto.

A Sandra Bruna y a todos los compañeros de la agencia literaria, por llevar esta energía hasta el infinito y más allá.

A Sergio Cancelo y Álex Ríos, dos pilares de Happyforce, por hacer el impagable esfuerzo de leer un primer borrador sin editar para darme vuestro valioso *feedback*. Y a todos aquellos que habéis seguido leyéndolo en las siguientes fases del manuscrito.

A todos los amigos, líderes en vuestras vidas y empresas, que me habéis regalado las historias tan inspiradoras que he recogido en estas páginas. Gracias por dejar que forme parte de ellas y darme la oportunidad de compartirlas.

Al equipo de Títulos Propios de UNIR Universidad, donde tengo la fortuna de dirigir el Programa Executive Chief Happiness Officer sobre felicidad organizacional, por haber creído antes que nadie que la aventura del bienestar corporativo era posible. ¡Desde la primera edición tenemos una sesión dedicada al entusiasmo!

A todo el equipo de BCC Conferenciantes, por llevar años llenando mis depósitos de energía con vuestra confianza.

Y, como siempre, a todos mis lectores. No hay mejor palanca para el entusiasmo que saber que estáis ahí.